扎根中国大地做教育

30位一线教育家的实践轨迹

大夏书系·《中国教育报》四十年文存精选

丛书总策划 张文斌
总主编 周飞
副总主编 张圣华 蔡继乐 张国华
主编 张东
副主编 梁丹 刘博智

华东师范大学出版社
·上海·

图书在版编目（CIP）数据

扎根中国大地做教育：30位一线教育家的实践轨迹/张东主编；梁丹，刘博智副主编. 一 上海：华东师范大学出版社，2024
（《中国教育报》四十年文存精选）
ISBN 978-7-5760-4816-2

I.①扎… II.①张…②梁…③刘… III.①教育—文集 IV.① G4-53

中国国家版本馆 CIP 数据核字（2024）第 060381 号

大夏书系 |《中国教育报》四十年文存精选

扎根中国大地做教育：30位一线教育家的实践轨迹

主　　编	张　东
副 主 编	梁　丹　刘博智
策划编辑	李永梅　卢风保
责任编辑	卢风保
责任校对	杨　坤
装帧设计	奇文云海·设计顾问

出版发行	华东师范大学出版社
社　　址	上海市中山北路 3663 号　邮编 200062
网　　址	www.ecnupress.com.cn
电　　话	021-60821666　行政传真 021-62572105
客服电话	021-62865537
邮购电话	021-62869887
地　　址	上海市中山北路 3663 号华东师范大学校内先锋路口
网　　店	http://hdsdcbs.tmall.com/

印 刷 者	北京密兴印刷有限公司
开　　本	700×1000　16 开
印　　张	15
字　　数	207 千字
版　　次	2024 年 4 月第一版
印　　次	2024 年 4 月第一次
印　　数	5 100
书　　号	ISBN 978-7-5760-4816-2
定　　价	65.00 元

出 版 人	王　焰

（如发现本版图书有印订质量问题，请寄回本社市场部调换或电话 021-62865537 联系）

目录 contents

01 崇高的献身精神
　　——记山区女教师覃申媛　　1

02 开拓者的风范
　　——记上海市杨浦中学特级教师于漪　　13

03 献身教育事业的人
　　——记特级教师魏书生　　25

04 他把心掏给孩子
　　——记全国优秀班主任、河北省香河县梁家务乡岭子小学教师武兴元　　31

05 奔腾的涌浪
　　——记"情境教学法"创立人、特级教师李吉林　　39

06 唱响在青海高原的教育诗
　　——刘让贤写真　　47

| 07 | 焦裕禄式的教育局长——胡昭程 | 63 |

| 08 | 折得东风第一枝 | |
| | ——记特级教师、北京二十二中教师孙维刚 | 73 |

| 09 | 讲台上的堂吉诃德 | |
| | ——一个理想主义者遭遇的现实教育困境 | 85 |

10	对教育的爱永远输送不完	
	——记云南省华坪县"儿童之家"院长、	
	华坪女子高中校长张桂梅	95

| 11 | 乡村教师仲威平的8万多公里 | 101 |

| 12 | 吕型伟：在教育世界里活了两辈子 | 111 |

| 13 | "干教育是个良心活儿" | |
| | ——追记河南省郸城县秋渠一中校长张伟 | 121 |

| 14 | 于平常之中显非常之功 | |
| | ——记潍坊新华中学校长付霆 | 129 |

15 热爱每一株幼苗的"教育农夫"
——记江苏省无锡市天一中学校长沈茂德　**135**

16 吴国平：走向自觉，缔造奇迹　**139**

17 一位退休名校长的扶贫战役
——贵州台江县民族中学校长陈立群的支教故事　**145**

18 李树花：勤奋树人，静待花开　**157**

19 潜心均衡优质，为祖国育人才
——记全国优秀教育工作者燕立国　**163**

20 扬师生之长，领全面发展
——记辽宁省沈阳市东北育才学校校长高琛　**169**

21 大爱洒苗乡，忠骨埋黔山
——追记贵州省贵阳市南明小学副校长、从江县大歹小学第一校长王玉　**175**

22	三封信里"看见"袁卫星	181
23	包瑞：志在天涯何惧远	187
24	李建华：我的秘诀是温度和故事	193
25	龙继红：探寻教育的人文性	199
26	邹亮：一根跳绳带来的突围之旅	205
27	张基广：办孩子味、泥土味、中国味的教育	209
28	李新生：惟勤惟志，向新而生	215
29	苗禾鸣：带动集团校从数量"裂变"到内涵"聚变"	221
30	杨培明：向美而行	227

01 崇高的献身精神
——记山区女教师覃申媛

本报通讯员·舒一平　彭进忠　唐仲扬　记者·段志坚　杨明森　郭建新

编者按

20世纪80年代中期，我国面对的现实是，知识重获尊重，教育秩序恢复不久，小学教育刚刚普及，仍有超过两亿的人口处于文盲半文盲状态。全面实现九年义务教育，基本扫除青壮年文盲，是中国教育史上一个辉煌的里程碑。

在这项伟大工程中，"甘作春蚕吐丝尽，愿化红烛照人间"的湖南石门县罗坪公社的小学女教师覃申媛，正是激励无数教师为普及教育而不吝献身的优秀榜样。而她，也是千千万万个为"普九"事业作出卓越贡献的教师缩影。

1983年12月15日，《中国教育报》头版通栏发表了《崇高的献身精神——记山区女教师覃申媛》一文。《人民日报》和《新华文摘》全文转载了这篇通讯。1985年，第一个教师节期间，一部记录覃申媛事迹的电影《烛光》在全国放映。

　　一份优秀教师的事迹材料送到了中共湖南省委几位常委的办公室。领导同志工作十分繁忙，但都很快就阅读了这份近万字的材料。

这是11月10日。翌日，省委书记焦林义同志即做了批示："看了这篇文章，使人深为感动，她确实用自己的实际行动，谱写了一篇壮丽的'园丁之歌'。应该使她的事迹为全省人民知道……"

她的名字叫覃申媛，是湖南石门县罗坪公社的小学女教师。省委领导同志批阅的那份材料，就是读者看到的这篇通讯。

"这就是家"

1975年初，覃申媛从天平小学调到蛟蛇溪小学。春节刚过，她就顶风冒雪，领着四个孩子，挑着行李，跋涉50多里路，赶来报到了。

蛟蛇溪小学只有一个教师，要教一、二年级复式班。由于条件不好，外面的教师不愿意来，本大队又选不出合适的。学校办了两年，一直停停打打，25个学生先后退学了17个。校舍是一座矮小的木屋，三面没有了板壁，后边的山上还有一大片坟地。

看着眼前这情景，覃申媛深深地感觉到了自己的担子有多重。她知道，这里生产不发达，文化更落后。全大队400多口人，到1975年才只有六个初中生。覃申媛是怀着满腔热情来的。生活艰苦，她不怕。她1952年从石门简易师范学校毕业以后，一直在深山区当教师。她先后工作过的六所小学，都是艰苦的地方，其中有五所学校没有固定校舍，上学期借用这家的空房，下学期又搬入那家的堂屋，有一年竟搬了七次家。她爱人杨万福虽然也是本地的教师，但俩人工作的单位总是相距很远，结婚20多年，始终各居一方，没有一个"正式"的家。那年，覃申媛刚到天平小学时，教室在一座小木屋的吊楼上。她的住处就在吊楼的角落里，只能放下一张床。当时，她身边带着三个孩子，小的才两岁，四个人挤在这间难以抬步的小房里。每次调动工作，她都是高高兴兴地接受任务，从来没有向组织要求过任何照顾。30多年了，她就是这样在山区度过了那日日夜夜……

已经是下午2点多钟了，孩子们又冷又饿。覃申媛捡来一点干柴，支起了锅，烧火做饭。接着，在紧靠板壁的一角，用一块破黑板挡了挡，打了一个地铺。夜里，她和孩子们冻得直打哆嗦。最小的孩子一个劲地叫着："妈妈，我冷，我要回家。"

覃申媛抚摸着孩子，说："听话，这就是家。"

孩子们紧紧地偎着她，不再闹了。他们也过惯了这种"游击"式的生活。妈妈走到哪里，哪里就是家。

第二天，覃申媛把孩子安顿了一下，就开始工作了。白天，她冒着寒风一担一担地往屋外挑碎瓦垃圾；晚上，她借着月光，走村串户动员孩子们上学。人们不知道她走了多少路程，只知不到一个月，她就磨破了好几双草鞋。

群众看到覃申媛是真心实意地来山里办学校的，心里非常高兴。大队领导和社员送来了夹墙的山竹子和糊墙用的旧报纸，学生家长还背来了打课桌的木板子。许多人都热情地来帮忙，修墙壁，平整操场，没几天就把学校收拾好了。

为了孩子们都能上学

蛟蛇溪小学按时开学了。全大队适龄儿童第一次全部入学，连七八个十四五岁的孩子都来了。覃申媛心里甜滋滋的，每天早晨都在门口迎接孩子们。

可是，没过多久，教室里出现了空位子。没来的孩子大多是因为交不起学费。山里人穷啊！在那"大批大斗"的年月，这里一个劳动力干一天还挣不回一斤煤油钱。覃申媛用自己的工资给家庭生活困难的学生交了学费。可这毕竟不是长远之计。怎么办呢？搞勤工俭学！在天平小学时，覃申媛就是这样做的。五年时间里，除了头一年以外，四年免收学费。

蛟蛇溪小学当时没有生产基地。春天和夏季，覃申媛领着学生们采摘社员摘过的茶树；到了秋天，又去复收油茶子和桐果。有一天，她和学生采了三百多斤茶叶，如不马上加工就会影响质量。学生回家以后，覃申媛不顾一天的疲劳，背着筐子，一趟一趟地把茶叶送到几里外的大队加工厂。送到最后一趟，天已经完全黑下来了，并且下起了大雨。她的脚一滑，摔倒了，几十斤茶叶全撒了。摸着满身的泥水，听着远处隐隐约约的野兽的嗥叫，覃申媛心咚咚直跳，背起空筐就往回跑。可是，跑着跑着，她又慢慢地停住了脚步。她想起了教室里出现的空位子，想起了家长们那交不起学费的为难神色。她站在那里稳稳神，又回到摔倒的地方，摸着黑，一点一点把茶叶拾起来，送到加工厂，又帮着师傅用水洗干净。等她回到学校的时候，夜已很深了。

单靠拾拣还不行，覃申媛又在学校旁边的山上开荒。她足足用了30多天的早晚时间，一锄一锄地在风化岩山坡上刨出了五分地，种上了花生、黄豆和茶树。

她艰苦奋斗的精神感动了大队的干部和群众。一个星期天，覃申媛去公社开会，傍晚回来的时候，发现学校后山坡上新开出了一块地。原来，这天大队党支部发动群众为学校开荒，足有100多人自愿来献工。从那以后，经常有人来给覃申媛帮忙。有一位陈纯和老人，70多岁了，接连几天和老伴一起，往返四里多路，帮着学校开荒。有人问他："您身边无伢儿上学，这是为的哪一宗？"他反问道："覃老师是外乡人，跑来吃苦受累，又是为的哪一宗？"

覃申媛和学生迎来了一个丰硕的秋天。

这年下学期就实现了学生免费入学。

八年过去了，蛟蛇溪小学勤工俭学收入共达3500多元。学生入学全部免收学费，连文具纸张也由学校包了下来。去年，又给全校30多名学生每人缝了校服。对升到外校读高年级的家庭生活困难的学生，学校还负责头一学期的学费。

为了孩子们都能上学，覃申媛不知付出了多少心血！仅仅这八年，她就挖秃了两把锄头，背烂了六七只背篓。

"不让一个学生掉队"

由于不收学费，孩子们都上学了。可是，他们的学习基础太差了，几十个学生，没有一个人的语文和算术成绩能达到及格线。

"不让一个学生掉队"，这是覃申媛多年的坚定信念。为了提高教学质量，她潜心观察和揣摩每一个学生的特点；常常秉烛研究教材的每一段，每一句，一直到深夜。课堂上如何动静搭配，如何设计自动作业，她都要周密计划，精心准备。她准备有四块小黑板，每天上课前都把作业和要教的生字、新词写好。她用山竹子给每个学生做一个计数器，又买了些纸板，给学生一人做一套生字卡片，还绘制了100多幅教学挂图。复式教学，自动作业多，她请人给每个学生制作了一块小黑板。这样，孩子们写了擦，擦了又写，在课堂上能更多地做练习，积极动脑、动手，还节省纸张，便于检查。

学生的知识没过关，她就不放手。一个生字，一篇课文，一道算术题，记住了没有，理解了没有，会做了没有，都要落实到每个学生的身上。例如，有的学生常将"鸟"和"乌"搞混，她就编首儿歌让他们念："小鸟小鸟有眼睛，没有眼睛看不见。"这样，学生就容易记住了。一年级学生王霞玉，小时候患过脑膜炎，学习比较吃力，覃申媛让她坐在最前面，随时指点，并叫"小先生"经常帮助她。20以内的加减法，小霞玉老是学不会，覃申媛个别辅导她20多次，到底把她教会了。

覃申媛教育学生，有一套行之有效的方法，更有一颗对每个学生高度负责的责任心。

她刚到蛟蛇溪，有几个学生很调皮，逃学、打架、掏鸟窝，常常闹出一些事来。有一个孩子，经常在家吃不饱饭，到学校就偷吃瓜果和同学的饭菜，学习成绩也很差。覃申媛一方面给他讲些浅显易懂的道理，另一方面关心他的生活。每天上学，覃申媛都要问他："吃了饭没有？""吃饱了没有？"没吃饭，就做饭给他吃；没有吃饱，就让他再吃一餐。她量米下锅，常常把他的那一份算进去。后来，覃申媛干脆把他留在学校，和她家人同吃同住，每天晚上给他补课。他的功课很快赶上来了，还当选为学习委员。

有个叫侯树兵的学生，原来在桐木大队小学读书。他小便失禁，常常一天尿四五次裤子。有的学生拿他当笑料，他索性不肯上学了。父母只好将他寄居在祖母家里，转学到蛟蛇溪小学。

覃申媛每天给他换洗裤子，常常这条还没晾干，那条又尿湿了，她就拿自己孩子的裤子给他替换着穿，还隔天送他到公社医院打一次针，替他付药费。就这样，持续了三个月。感情和药物，终于治好了侯树兵的病。

有一次，侯树兵感冒发高烧，覃申媛买了红糖去看他。听说他想吃桔子，就叫在县城工作的大女儿买了一袋捎来。覃申媛坐在床边，一瓣一瓣地掰给他吃，一边亲切地问他："甜不甜？"

"甜！"话刚出口，侯树兵一眨眼泪涌了出来，情不自禁地一头扑到老师的怀里，叫着："妈妈——老师！"

覃申媛轻轻地抚摸着他，也激动得流下了热泪。

像这样的事，谁也记不清有多少了。蛟蛇溪小学的学生，几乎每人都可以讲几个覃申媛疼爱学生的故事。

郑孝刚、郑孝专、郑玉林三兄妹，母亲双目失明，下肢瘫痪，家里全靠父亲一个人操持，生活非常困难。父亲本来不想让孩子念书，覃申媛多次家访，到底把三个孩子动员上了学。在学校里，她像母亲一样照顾他们，衣服破了，给他们补；头发脏了，给他们洗；还给他们每人做了一件棉衣，一双棉鞋。兄妹三人在蛟蛇溪读完了二年级，都上了公社中心校。

还有个叫张平的小同学，脚上冻疮溃烂，不能走路。覃申媛把他背到学校，住在自己家里，让他一边治病，一边上课。还特意找了个和他要好的同学来做伴，她每天都想办法做点好东西给他们吃。

老师爱学生，学生敬老师。覃申媛和孩子们建立了真挚的感情。每当学生升到三年级，第一天上公社小学的时候，覃申媛总要亲亲热热地把他们送到中心校门口，眼看着他们一个个地走进教室去，她还要在那里站上一会儿，然后才依依不舍地往回走。每年春节，孩子们都要到覃申媛家里去。家长们说："俺伢儿宁愿不去外婆家，也要先给覃老师拜年。"有的学生在覃申媛家里住上十来天，还舍不得回家呢。

今年春天，覃申媛上北京开会，前后不到半个月。孩子们天天盼啊，等啊，一听说覃老师要回来，一个个高兴得欢蹦乱跳。那天，一下课，孩子们呼啦一下都往山上跑，每人采集了一束鲜艳的杜鹃花，唱着、跳着，来到公社汽车站等候。已经在公社小学读四年级的侯树兵也来了，他也从山上采来了一束鲜花。他们不时地翘首远眺，有几个性急的小家伙甚至沿着公路跑了很远。过往的群众看到孩子们的这个高兴劲儿，很多人都禁不住赞叹道：这些伢儿，对覃老师比对妈妈还要亲。

工作是第一位的

1978年11月的一天，覃申媛正在上课，有人匆匆跑来送信儿：她丈夫老杨病危，要她赶快到医院去。老杨患冠心病，这些天一直住在30多里路外的区医院。从来人的脸色和语气中，她觉察到了问题的严重性。她摸着黑，几乎一口气赶到了医院。

老杨躺在病床上，昏迷不醒，正在打吊针。

覃申媛坐在床边，望着丈夫那蜡黄的面容，心里像翻江倒海一般。结婚20多年了，自己还没有认认真真地侍候过爱人一次呢！老杨几次住院，她为了不耽误工作，都没有在身边守护。她从心里感到对不起自己的丈夫。

为了她的事业，老杨付出了巨大的牺牲。他祖宗三代当长工，论出身，论工作，入党、提干都是不成问题的。但是，在很长时间里，由于覃申媛的家庭出身不好，老杨跟着背了"黑锅"。然而，老杨埋怨过吗？一次也没有。20多年间，夫妻从未吵过一次嘴。老杨默默地和她一起承受着精神和工作的压力。1971年以前，他俩的每月工资合起来还不满80元，却要养活老小九口人，而且全家又分住在几个地方，生活的拮据是可以想象的。她和老杨多少年也不做一件新衣服，家里只有一套简单的被褥和炊具，每次调动工作，全部家当一个担子就挑走了。然而覃申媛却经常拿钱帮助家庭生活困难的学生。老杨为了克服家庭困难，支持她的工作，把烟都戒掉了。

想到这些，覃申媛不禁痛哭失声。

医生把她找去了，悄悄地对她说："老杨的病很重，危险期还没有过去，你最好在这守候几天。"

挨到天亮，老杨苏醒过来了。覃申媛赶忙拭去眼泪，轻轻地问道："好点了吗？"

老杨用低微的声音说："我差一点就不能和你做伴了。"

覃申媛呜咽着，什么也说不出来了。

过了一会儿，老杨又问：："你来了，学生怎么办呢？"

丈夫病危，妻子守护在床前，乃是人之常情。可是，学校里只有覃申媛一个教师，她一离开，学生就得停课。

她望着丈夫，心里非常矛盾。

老杨理解她，他吃力地说："这里有医生，有孩子，你回去吧，回去吧……"

覃申媛默默地点点头。她踌躇了半天，含着眼泪安慰丈夫好好养病，又详细嘱咐了来护理的大女儿一番。然后，一步三回头，挪着沉重的脚步，走出了医院。

这就是我们的教师啊！为了工作，为了事业，个人的一切都可以贡献出来。

学校又响起上课的铃声。孩子们哪里知道，老师一夜没有睡觉，还来回赶了60多里山路，心里正承受着难以忍受的痛苦。

那些日子，覃申媛常常在放学以后摸黑赶到医院，第二天一大早又赶回来上课。直到老杨出院，覃申媛一天课也没有耽误。

1982年，覃申媛在县城工作的大女儿碧波要结婚了。按照当地的风俗，妈妈肯定是要参加女儿的婚礼的。女儿把心里话告诉了妈妈，覃申媛答应了。

她怎么能不去呢？她觉得在感情上欠孩子们的东西太多了，尤其是对这个孩子，她更感到内疚。

那是在1958年上学期，覃申媛在苏市公社丰产小学工作。小碧波一岁多，聪明、伶俐，谁见了都喜欢。年轻的母亲对孩子的未来充满憧憬：她应该当一名教师，一名出色的人民教师！母亲不仅要用乳汁，而且要用全部的智慧去哺育她。然而，覃申媛不愿受孩子拖累影响工作，她把孩子"全托"给学校附近的一位老婆婆，自己到食堂搭餐，只是晚上有空的时候才去看看。

一天早上，覃申媛正准备去上课，有人来报信："覃老师，快去、快去，波波掉进火塘里烧伤了！"

火塘是当地农民家里用来烧饭和取暖的炭土坑。覃申媛见过被火塘烧伤的孩子，那惨相是不敢想象的。她急急忙忙跑到了老婆婆家。

"妈妈，妈妈——"孩子正嘶哑地哭叫着。覃申媛抢过去，抱起小碧波，心都碎了。

良久，她才清醒过来，她想起了学生正等着自己去上课。她决定上完课给孩子找医生。这位坚强的母亲，强抑着悲痛，找来了一点药，轻轻地给孩子抹在烧伤的脸上，噙着泪水把孩子递给老婆婆，自己走回了学校。

"同学们，我们上课吧！"她抹去泪水，强露出笑容，又站到了讲台上。孩子们都知道了这件事，好几个学生都呜咽起来。这天，她一节课也没丢，只是中午抽空托人去找草药。之后，她一面坚持上课，一面请人找药为孩子治疗。几个月以后，小碧波的伤总算好了。可是，美丽的脸上却留下了难以愈合的伤痕。

这伤痕，也深深地留在了母亲的心里。

孩子长大了，小碧波虽然常常为脸上的伤痕而苦恼，但从来没有在母亲面前流露过难过的情绪，并且细心照顾弟弟妹妹，帮助妈妈忙家务。

孩子越是理解母亲，母亲就越觉得过意不去。因此，覃申媛决定无论如何也要参加女儿的婚礼。她建议女儿，把婚期定在国庆节，她好不耽误上课。可是，公社联校让她在国庆节搞教研活动，覃申媛就动员女儿把喜日推迟到元旦。临近新年，她又忙得脱不开身，她不得不说服女儿把喜事改在寒假期间再办。然而，到了那一天，她又到地区参加会议去了。女儿的婚礼，她到底还是没有去成。结婚典礼上，有人问碧波：你妈妈怎么没来？她笑了笑，说：我妈妈就是那么个人。

她把整个生命同党的事业系在一起

1980年元月的一天，覃申媛突然晕倒在讲台上。

她是累倒的。一个女同志，一人一校，教两个年级，四五门功课，早晨起来要为孩子们准备茶水，中午要给孩子们热饭热菜，晚上要备课、批改作业，有时还要辅导幼儿班的教师，帮助大队夜校的民师备课。遇到雨雪天，还要爬山过涧接送学生。还有家访，勤工俭学，个人和孩子的生活，等等。一天到晚，她有多少事要做啊！况且，她还患有贫血症。

覃申媛不得不想办法把时间"拉长"。从参加工作那天起，她就给自己定了一个规矩：每天早晨6点以前起床，晚上把当天的事情做完睡觉。事情那么多，她常常忙到深夜一两点钟。

头天晚上，她备好课，改完作业，已是11点多钟了，可是考试卷子还没有印，她又强打起精神，直到把考卷印完才睡觉。

第二天，她感觉有点儿不舒服，早上只喝了点稀粥，孩子们来了，她就进了教室。

覃申媛晕倒以后，几个懂事的孩子七手八脚地把她扶到椅子上。好一会儿，她才在孩子们焦急的呼唤声中慢慢地醒来。

她躺在椅子上，坚持在教室里组织学生自学。这天，孩子们格外懂事，连说话的声音都压得低低的。同学们知道，老师是为他们累倒的。

第二天，家长们提着鸡、蛋、红糖等各种慰问品，纷纷来看望覃申媛。她正在给孩子们上课。看到这情景，不少家长感动得流下了热泪："覃老师，你还上课，命都不要了？"

是的，覃申媛为了孩子，为了工作，个人的一切都可以牺牲。

因为她是把整个生命都同党的教育事业，同人民教师的崇高责任系在一起的。

早在青年时代，她就立下了当一名人民教师，做第一代山区文化播种人的志向。家里要她停学做手艺，她没有依从；县文工团要招收她当演员，她执意不去。后来，她干脆离开了普通中学，报考了简易师范学校。

十年动乱期间，覃申媛和丈夫都蒙受了不白之冤。她当时怀着七八个月的身孕，每天放学后，都被迫到大队去接受批判。她手牵一个孩子，身背一个孩子，到了深更半夜，还得摸着黑走十多里山路赶回学校，第二天又照常打铃上课。

后来，她全家被下放劳动。离开了讲台，覃申媛心里总觉得空虚。那些天，每当看到孩子们背着书包上学去的时候，她就痴痴地站在那里，看着他们。有时还禁不住走上前去，拉住孩子的手，问问学校的事，和他们亲热一阵子。

1970年，覃申媛接到了重返讲台的通知。这一夜，她激动得几乎没有合眼，第二天一大早就上班去了。

从此，她更加勤勤恳恳，埋头苦干。她的工作愈加出色，走到哪里，哪里的适龄儿童都全部入学。在蛟蛇溪的几年，全大队适龄儿童入学率100%，巩固率也是100%，及格率还是100%。

转眼间，她已经年过半百，岁月和辛劳在她头上留下了一缕缕银丝。

1983年5月28日，罗坪公社联校党支部在一间明亮的房间里举行党员大会。同志们在热烈的气氛中，回顾了覃申媛的工作经历，深深地感到，覃申媛既经受了顺境的考验，更经受了逆境的磨难；她用忠诚于党的教育事业30多个春秋，填写了一份鲜红的入党志愿书。支部大会一致通过了覃申媛同志的入党申请。

党支部的负责同志把这个消息告诉了她。覃申媛激动得半晌说不出话来。她的丈夫老杨也激动得热泪盈眶。老杨已因病退休,也搬到了蛟蛇溪小学,不声不响地给覃申媛管后勤,当助手。这一对夫妻,像蜡烛一样,无声地燃烧自己,给新一代以光和热。

今年春天,覃申媛光荣地出席了全国"五讲四美"为人师表活动先进代表会议。全国一些报刊和电台相继报道了她的事迹。接着,一封封热情洋溢的信,带着敬慕、关怀、鼓励和感奋,从四面八方向她涌来。

她30多年前在师范学校读书时的一位老师在信中写道:"你用实际行动,谱写了一曲壮丽的'园丁之歌'。我愿向你学习,和成千上万的同行一道努力奋进!"

一位上海姑娘来信说:"在报上看了您的事迹后,我思考着人生的意义,激动得夜难成寐:一种崇高的职业、崭新的生活在召唤——我愿离开大上海,来到您的学校,当一名人民教师。"

湖南湘潭钢铁厂一名待业女青年在信中说:"我觉得,人应该像您一样活着,用献身的热情去拥抱自己的事业,把一切无私地奉献给我们的民族和人民,奉献给人类壮丽的事业——共产主义。"

……

覃申媛,这个普通小学教师的名字,必将为广大教育工作者所熟悉,所钦佩;她的精神必将激励越来越多的人为社会主义现代化建设而献身!

《中国教育报》1983年12月15日

02 开拓者的风范
——记上海市杨浦中学特级教师于漪

本报记者·陈亦冰　通讯员·王厥轩

编者按

从教近70年,她从未离开讲台。长期躬耕于中学语文教学事业,她坚持教文育人,推动"人文性"写入全国语文课程标准,她主张教育思想和教学实践同步创新,撰写数百万字教育著述,许多重要观点被教育部门采纳,为推动全国基础教育改革发展作出了突出贡献。

她就是被誉为"精心育人的一代师表,潜心教改的一面旗帜"的于漪。

2019年9月29日,中共中央总书记、国家主席、中央军委主席习近平亲自给上海市杨浦高级中学名誉校长于漪佩戴上金色的"人民教育家"奖章。这是共和国首次颁发"人民教育家"这一国家荣誉称号,于漪作为基础教育界的唯一代表获此殊荣。她的教育事迹和贡献永远写在了共和国史册上。

于漪,上海市杨浦中学特级教师,上海市人大常委会委员,全国中学语文教学研究会副会长,上海语文学会会长,近年来,又连续被评为全国"三八红旗手"、全国"五讲四美"为人师表活动先进个人、上海市劳动模范。

在这么多荣誉面前,她没有在过去成绩的花径中流连,而是选择了一条开拓进取的道路。

让学生心中充满希望

人们把教师誉为人类灵魂的工程师。作为一名教师,怎样才能无愧于这一崇高的称号？多少年来，于漪一直在思索着这个问题。她认为，人民教师的思想要有时代的高度，他的工作才会有开拓的光彩；教师的教学要有时代的活水，教学的生命才不会枯竭。

一篇语文教材，不仅是昨天的记录，而且是今天的启示。无论哪一篇教材，到了于老师的课上，都会给学生带来新的思考。

有一次，她让学生写一篇歌颂祖国的作文。结果学生都写不出来，他们说：我们不了解祖国的历史，写什么呢？

于漪深深地理解自己的学生，也深深地感到自己的担子有多重。她要通过优秀作品来打开学生的眼界，让他们了解壮丽的祖国山河，了解中华民族悠久的历史和光辉灿烂的文化。《泰山极顶》是篇诗情浓郁、结构精巧的散文。于漪精心绘制了一幅彩图，引导学生读文看画，跟随作者的足迹步入画境，观赏沿途美景；又以杜甫的诗《望岳》激发学生"会当凌绝顶"的志趣，开拓"一览众山小"的胸怀。同学们在于老师的引导下，目观"奇峰""怪松"，耳听"流水""松涛"。学生在赏心悦目的美感享受中，爱国之情油然而生。

她还自编阅读教材，教学生读了142首名诗佳词，从中欣赏湖光山色。但是光让学生得到美的享受是不够的，于漪还善于运用课文内饱含的真挚感情，叩击学生的心弦，激发他们的爱国热情。

一次讲杨朔的散文《茶花赋》。"这篇散文是一首歌颂伟大祖国的赞歌。祖国，一提起这神圣的字眼，崇敬、热爱、自豪的感情就会充盈胸际，奔腾欲出，我们伟大的祖国有几千年的古老文明，有960万平方公里的辽阔土地，有许多令人神往的名山大川，有以勤劳勇敢著称于世界的人民……"于老师站在讲台上，满怀深情的语言，一下子就激动了年轻人的心。作者久在异国的乡恋，随着教学的推进，时时唤起同学们身在祖国的自豪之情。在"春深似海"的意境中，师生和作者一起饱览现实生活的美，受到精神上的陶冶，教室里充满了融融春意……

于老师又在黑板上挂出一幅绚丽的茶花图，画上那乍开的童子面茶花，象征着欣欣向荣的社会主义祖国。年轻人被征服了。课文中的那情、那景、那人，连同眼前的花，全都深深地印刻在每个人的心上。

80年代的学生有他们自己的特点。他们敢想敢说，他们抨击官僚主义，鄙视社会上的不正之风，然而他们经验不足，视野不宽，难免产生片面性。

于漪意识到必须教他们学会正确看待世界。"要让我们的学生心中充满光明，充满美好的希望。"于是，她努力引导学生认识课文中高尚的人、高尚的思想、高尚的道德情操，帮助他们思考人生的意义，树立远大理想。

《七根火柴》是一篇感人肺腑的短篇小说，文中无名战士牺牲时的情景，更令人久久难忘。按照一般的提问法，在讲解时可以问："课文怎样描写无名战士临死前的言行？"或者问："无名战士牺牲前说了什么话？做了怎样的动作？表现了怎样的思想？"于漪觉得这都不行。前者只在写作技巧上打转，后者虽然把提问的角度转到了无名战士身上，但开掘不深。于是，她设计了这样的问题："无名战士留给人间的最后话语是什么？留给人间的最后动作是什么？这些言行显现了他怎样的心灵，怎样的精神？和一般人相比，他的伟大之处在哪儿？"这些问题，具有强烈的感情色彩，使学生能够从战士的言行中受到共产主义人生观的教育。

学习《岳阳楼记》，她采取了一解、二评、三想、四写的教法。先让学生了解"先天下之忧而忧，后天下之乐而乐"的含义，产生"以天下为己任"的责任感；再评范仲淹彼时彼地提出这个抱负的积极意义；三想时代赋予青年的重任，培养自己吃苦在前、享乐在后的高尚情操；四写自己的壮志，如何坚持革命的"苦乐观"，如何担起振兴中华的重任。这样有步骤地让文章的主题在学生脑海中反复浮现，并注入新时代的内容与要求，学生受到的教育是终生难忘的。

艰辛的探索

于漪的课熔科学与艺术于一炉。有人说她天生是个语文教师。其实,像不少有成就的优秀人物一样,于漪在语文教学工作中也经历过迷茫的徘徊和艰辛的探索。

于漪 1951 年毕业于复旦大学教育系,一开始被分配教历史。1959 年改行教语文。拿起语文教材,文章好在哪里,为什么好,她说不出;学生交上来的作文,毛病在哪里,如何评讲,她也说不清。她走上讲台,竭力想把课文分析得清楚一些,可说了半天,学生依然迷惑不解。下课了,她感到从未有过的疲劳。

于漪没有气馁。白天,她站在窗外,看其他教师是怎么上课的;晚上,她啃着从图书馆里搬来的一厚叠参考书,仔细琢磨。原来,分析课文得先解题,介绍时代背景;再讲解生字难词,划分段落;然后讲读分析,归纳中心思想和写作特点;最后解答练习,布置作业。她兴奋起来,仿佛找到了走出迷宫的门。她开始采用这种方法,学生们听得很专注,记得很仔细。但没过多久,学生不注意听了,有的干脆趴在桌上了。课下她也听到有学生在议论:"讲得倒清楚,但就是提不起劲。不像上数学课,脑子自会跟着老师转。"

于漪躺在床上,辗转难眠。语文课怎么这么难上?看来自己并没有真正找到语文教学的"门"。

她披衣而起,翻开了当年读过的《教育学》:"一般地说来,教育学是最辩证、最灵活的一种科学,也是最复杂、最多样化的一种科学";"作为一个教师应当懂得教育学、心理学、教学法"。读着读着,于漪的心开朗起来。她定了个自学计划:一、学习马克思主义理论,提高自己的政治素养和理论水平;二、学习与教学相关的基础知识,文、史、哲、音、体、美,甚至天文、地理、航海等学科也要涉猎;三、学习与研究教育学、心理学、语言教学实验的新成果，从中汲取营养。

于漪以坚韧不拔的毅力，在探索语文教学规律的道路上前行。一次，爱人拉她去看京剧《三岔口》。舞台上，演员没唱，就凭动作和眼神的变化，就使观众相信，这是一场抹黑的打斗。看着看着，于漪仿佛又回到了课堂上：语文教学也要这样有气氛、有效果，调动一切教学手段，去打开学生思维的闸门。

在教育理论的指导下，在艺术的启迪下，于漪开始了教学艺术的追求。声、色、形体，电影、戏剧、美术，都成了她的教学手段。

上课，虽说有预备铃，可开始那几分钟，学生的心总是拢不上来。怎样才能让他们一上课就进入"角色"呢？于漪来了个"紧锣密鼓"。剧场里，开戏前的那阵锣鼓不是一下就把观众的心给收住了吗？

教朱自清的散文《春》，黑板上写着斗大一个"春"字。于漪朗声说："一提到'春'，人们的眼前就会展现阳光明媚、万象更新、生机勃勃的景象。关于春天的景色，文人笔下描绘了很多。诗人杜甫在《绝句》中是怎样描绘的？"

"两个黄鹂鸣翠柳，一行白鹭上青天……"同学们脱口齐诵。

"王安石在《泊船瓜州》里又是怎样描绘的？"

"……春风又绿江南岸，明月何时照我还。"同学们应答如流。

"苏舜钦的《淮中晚泊犊头》又怎样来描绘春雨春潮？"

全班40张嘴又吟起了佳句。琅琅诗音才落，于漪又问："现在正是阳春三月，你们每天背着书包上学看到了哪些春景？鸟儿是怎样叫的？花儿是怎样开的？杨柳又怎样吐絮？"

孩子们愣了一下，随即小声议论起来。但没人马上举手，显然心里没有把握。

"那么，让我们来看看朱自清先生在他的《春》中是怎么写的，他写得可细致了。"于老师看准时机，顺势一转，40双眼睛全给她引到了课文上。

语文课最忌平铺直叙，而教古文往往又需要教师反复讲解，能不能改变一下这种节奏呢？于漪在教《卖油翁》时，准备了一枚铜钱，当讲到卖油翁"取一葫芦置于地，以钱覆其口，徐以杓酌油沥之，自钱孔入，而钱不湿"时，她出示了这枚铜钱。学生边听边看，既领会了"沥"字之妙，又惊叹老翁的绝技。教学取得了事半功倍的效果。

中国画布局很讲究留白，如果画得满满的，往往给人以沉闷的感觉。于漪体会到上课也是如此，教师不能从头包到底，以讲代学，要给学生留下思考的余地，尤其要创造机会，让学生发挥聪明才智。

讲《珍珠赋》一文时，于漪估计到学生不明白"芙蓉花开的日子"是什么季节，会提出问题，也估计到会有人查阅字典来解答，但仍会有歧义。而这个问题的明确，又有助于理解文章"下笔带彩"的写法，于是她决定留下空白，让学生自己来"做文章"。果然，上课时有人提问："字典上说芙蓉有两种，木芙蓉和水芙蓉，它们开花季节不同，本文究竟指哪一种？"于漪微笑着反问："你们说呢？"顿时，课堂里热闹起来。有人引杨万里的诗句，有人举电影中的镜头，有人讲自己的亲身体验，有人以课文语句来推断。大家思维活跃，各显身手，在热烈的争论中，加深了对课文的理解。

于漪终于找到了语文教学的"门"。每讲一课，于漪就进行一次新的尝试，她一面到学生中去听取反映，一面在笔记上写下"教后感"。每有体会，就写成文字，自1979年以来，她在繁忙的工作之余，撰写了近200万字。

在用科学理论指导教学实践的同时，于漪也不断从实践中提炼出语文教学的新经验。近几年，她总结出了"点、线、面、体"立体化的教学方法。她认为：每个教师心中都要有全局，就是根据中学教育阶段语文课的目的任务、教学内容、训练项目作科学的安排，这就是"面"；语文课本中每一篇课文就是一个"点"，教师上每堂课都要精心设计，贯穿的线索、问题的构思、词句的落实、能力的培养等等都要丝丝入扣，因为落实了每一个点，才能形成面；而各种文体、各类知识的教学，如记叙文、说明文、议论文等就是"线"，每条线既有自己的序列，也有相互的关联，须统筹兼顾；各种文体的教学在各个年级的分量怎样适当，教学程度深浅怎样适度，读写怎样结合，语法、修辞、逻辑、文学怎样渗透，都应有妥善的安排；至于整个语文教学，它应该是立体的，应该把思想的启迪、志向的砥砺、情感的熏陶、知识的传授融为一体，把与教学内容有关的文理知识熔于一炉，教学要有详略、疏密、缓急、轻重、起伏、主次。这些要和谐地形成一个整体，就像一首动听的协奏曲。

于漪成功了。听过她课的老师，都感受到了这种艺术的魅力。她靠科学理论的指引，凭自己的勇气和毅力，进入了左右逢源、应付裕如的天地。

生命在青年中延伸

这些年来，有多少人听过于漪的讲学，又有多少人接受过于漪精神上、物质上的馈赠，恐怕难以统计。一年365天，几乎每天都有人、有信来找于漪。有本区的青年教师，也有四方他乡的同行；有来自高等学府的研究生的征询，也有山村小学慕名者的请教。他们会径直闯进教室，或者堵在办公室门口，希望听于老师的课，要求于漪去他们的地区讲学。

接连不断的来访和公开教学，消耗了于漪大量的精力。同事们在为她的健康担忧，而于漪却始终热情地接待着每一位"不速之客"。

育新中学的骆明珏老师有幸跟随于漪学习整整一年。她深有感触地说："我踏上教育岗位23年，现在才明白怎样才算称职的语文教师。原以为教师的本领就在于教学水平，然而，从于老师身上，我发现除了教学艺术之外，还有更重要的因素，那就是教师的思想、素养和品格。"

去年春上，于漪收到一封远方的来信。一位19岁的小学女教师，向她诉说自己双耳失聪的痛苦——"听不见孩子的笑语，无法再上讲台""命运为什么对我如此冷酷"，姑娘似乎已失去了生活的信心。

于漪马上带着这封信专程上五官科医院为陌生的姑娘联系治疗。回信刚寄出，姑娘却已叩响了于老师的家门，她急得连等一封回信的耐心都没有。

当晚于漪热情地安排姑娘在自己家住下，第二天又陪她上医院找医生会诊。她觉得，这不仅是医治姑娘有病的耳朵，而且是在医治一颗失望的心。作为一个老教师，一个共产党员，她有责任让年轻的女教师，重新感受生活的欢乐，社会的温暖。

于漪把关心和帮助青年人，看作是自己的职责。她用特级教师的津贴为教研组的老师购买进修资料，为学生订阅报刊，她还为许多身居穷乡僻壤的教师，寄上了他们教学急需的参考教材和业务书籍。

1984学年开始，她又接受了带教全区21名青年骨干教师的任务。每逢周四，上午先由她示范上课，然后一起评议；下午，她为年轻人开设了教学研究专题讲座：《识质与雕塑——谈教学中坚持唯物主义观点》《在学生心田撒播做人的良种——谈语文教学中的文道关系》《兴趣是学习的动力——谈激发学生学习语文的兴趣》《做学生脑力劳动的指导员——谈语言和思维的训练》《引导学生打开认识的窗户——谈语文教学中的观察训练》《启发学生神思飞跃——谈想象力与创造力的培养》《抓住记忆的支撑点——谈发展记忆力》《说清楚与写生动——谈表达能力的训练》《课堂教学节奏与容量——谈课堂教学效率》《课外渠道的开辟——谈语文课外活动和兴趣小组》《须有阐发教材的基本功——谈对教材的探幽发微》《对教材进行再创造——谈课堂教学设计》《用语言"粘"住学生——谈语文教师的教学语言》《教师的智力生活——谈语文教师的知识结构和职业敏感》。这些讲座非常精彩，吸引了每一个听讲的人。它们凝集了于漪几十年教学生涯的经验和智慧。周四下午，闻讯而来的听讲者挤满了课堂，讲座不得不从课堂移到了阶梯大教室。

果实是甘美的，花儿是娇艳的，而于漪甘心做叶片，她的生命在无数片新绿中延伸。

信念的力量

  1983年4月6日，全国"五讲四美"为人师表活动先进个人、先进集体代表会议即将闭幕。于漪登台作了题为"心中要有共产主义旗帜飘扬"的发言。

  "为人师表，首要的是自己心中要有共产主义旗帜飘扬，希腊神话中的普罗米修斯把火种偷到人间，使人间有了光明，是因为他心中渴望着光明。今天，要把年轻的学生培养成为热爱党、热爱社会主义的革命接班人，做教师的心中就要揣着一团火。"

  "我们只有信仰马列主义，热爱社会主义，对共产主义光辉灿烂的前途充满信心，才能真正做到对人民的教育事业无比忠诚，才能成为学生学习的表率。"

  她的发言在会场上一次又一次地激起热烈的掌声。

  正是心中的共产主义旗帜，指引于漪坚定不移，努力不懈，成为一名优秀的人民教师。

  每当天蒙蒙亮，她就起床，看书学习；白天，在课间的十分钟，在食堂排队买饭的间隙，在上下班候车的片刻，她都在思考工作；夜晚，她又埋首于台灯之下，9点之前大多是备课、编写教案或批改作业，9点之后她便广泛阅读文学、哲学、历史、地理书籍，还读了许多马列著作，不断提高自己的理论业务素养。

  多少年来，除了生病住院，她没有因为私事请过假。于漪身体很差，评上特级教师以后，除了教学工作，还有大量的社会活动，又要写作和外出讲学，但是她一天也没有放松过自己的学习和进修。

  有关领导曾建议她不要再顶班上课，于漪则诚恳地说："教师离开了课堂，她的教学生命也就终止了。"

年过半百的于漪深感时间之宝贵，更加快了生活的节奏。她舍不得花时间上医院看病，时常自己买点药来对付；她只觉得一天24小时太少。

去年深冬的一天。大清早，听课的人就从四面赶来，陆续坐满了教室。时过7点半，于漪还没到校，办公室的老师有点担心。几十年来，她习惯一早到校，打扫办公室，当了特级教师以后，也不例外。可今天她能赶来吗？

同志们知道，这几天于老师家里出了急事。她的儿媳病危住院动了大手术，儿子发烧卧床难起，爱人又刚出国讲学，于漪心急火燎，牙周发炎，连续几天靠打针吃药压着。可她，昨天上午照常上课，处理信件，接待来访，下午依然坐在办公桌前批改作业，一次又一次地仔细推敲着第二天的公开课，直到傍晚她才赶往医院，准备通宵达旦看护刚动完手术的儿媳。她太疲劳了，会不会累垮、病倒，或是出了什么事？人们焦急不安地揣度着。

然而，上课铃刚刚敲响，于老师却准时到来了。在上百名来听公开课的老师们的注视中，她走进教室。在几十名学生信任、欢悦的目光中，她微笑着走上了讲台……

公开课教的是散文诗《燃烧》。教室里响起了铿锵的声音："……像一块煤，像一根柴，把全副身心投入焚烧旧世界的通红的炉火。给敌人恐惧，给人民光明；不停地燃烧着，燃烧着，献出自己所有的光和热。你只要一接触他，他就给你温暖，给你力量，把你的心点燃，把你的热血燃沸。谁也休想扑灭他。艰难困苦和打击摧残只能是火上浇油，使他的生命燃烧起更高的火苗……"于漪的眼神依然是那么明亮，她的话语依然是那样充满激情。学生被感染了，听课老师被打动了，而知情的同事则从于漪身上认识到了真正的"燃烧精神"。

33个寒暑，于漪走过了一条不断开拓的道路，她一步一个脚印，步步向上攀登。如今，55岁的于漪，额头爬上了皱纹，两鬓增添了银丝，但理想之火始终在她心头燃烧，她的生命已经与祖国的下一代紧紧相连。

一位已经成为教师的学生,在给于老师的信中说:"在中学里,您给予我的一切,它的意义不是四年,而是永远。您对工作精益求精、既教书又教人的精神,始终铭刻在我心头。我一定不辜负您的期望,像您那样,投身到这伟大的事业中去。"

面对这崇高的奖赏,于漪说:"如果逝去的岁月可以像飞去的燕子重新归来,青春的年华可以再次度过,那么,我将依然选择教师这个太阳底下最伟大的职业。"

《中国教育报》1985 年 4 月 16 日

03 献身教育事业的人
——记特级教师魏书生

本报记者·朱恩田 李兆德 韩宏宇

|编者按| 一名中学语文教师，不留作业、不考试、不批改试卷和作文，一切都由学生自己去做，而学生的成绩却很出色，其中的奥秘就在于他把学习方法教给了学生，培养了学生的自学能力。他就是魏书生。

魏书生年仅35岁，当教师也只有七八年，为什么能在教育改革中取得令人佩服的成就呢？关键在于他具有为国家建设和社会发展培育"四有"人才的远大理想，并把理想付诸实际行动。他不计个人得失，决心放弃回大城市和在工厂做领导工作的机会，多次申请留在盘山县当一名平凡而艰苦的人民教师；全心全意为教育事业奋发进取，刻苦钻研，勇于探索创新；勤勤恳恳地为学生健康成长服务，重视理想和纪律教育，认真培养自我教育和自学的能力，使他们生动活泼地、主动地发展。他在教学改革中取得的成功经验，今后本报将陆续进行介绍。

他酷爱教育事业，刻苦钻研，勇于创新，在教育改革中取得了显著成就，在辽宁省乃至全国教育界，他已经遐迩闻名。

但他却是一个只有35岁的年轻人，教龄只有七八年。他的名字叫魏书生，辽宁省盘山县第三中学语文教师。

近年来，魏书生多次被评为模范共产党员，县、市的先进工作者。1984年，魏书生被评为全国优秀班主任，省特级教师，省特等劳动模范。1984年8月6日，辽宁省委、省政府作出了向魏书生同志学习的决定。

他的情况到底怎样呢？

为当教师，他申请过 150 次

魏书生和自己的同龄人一样，走过了一条不平坦的道路。1968 年，魏书生从沈阳第三十二中学毕业后插队到被称为"南大荒"的盘锦。九个月后，被推荐到一所农村小学教了两年书。从此，他深深爱上了教师这一职业，立志一生献身于教育事业。1971 年，他被分配到盘山电机厂做宣传干事。这是一个相当不错的工作，但魏书生却无时无刻不在向往着去当一名教师。他说："最有希望的是孩子，20 年以后他们将成为中国命运的主宰者。"魏书生把自己的理想同祖国的命运联系在一起了。每逢路过学校，他常悄悄地站到教室门外，神往地聆听教师的讲授和学生的读书声；夜晚，睡梦中登上了理想的讲台，梦见自己真的当上了教师。

1978 年 2 月 22 日，他永远忘不了的一天。组织上批准了魏书生去学校当教师。到这时为止，他已经申请了 150 次。

魏书生如鱼得水，他全身心地投入到教育工作中，扎扎实实地干。刚开始，他的工资每月还不到 40 元。在学校里，属于他个人的，只有单身宿舍的一张床。生活虽然简朴，他却感到其乐陶陶。忙了一天，晚上还要写工作小结、备课、读书，直到夜里 11 点才上床休息；第二天一早，他又起床和学生一起跑步，开始了一天紧张而愉快的工作。一套退了色的蓝布衣裳，他穿了四年，他把节省下来的钱给班级买暖壶、脸盆、花盆、窗帘和理发用具，给学生买书买药。他在三年前结婚时已经是 31 岁的人了。为了工作，他的婚期一拖再拖，是在同志们为他们布置好了新房，一再仓促之下他才结的婚。婚后，魏书生很少照顾家里的事，还像以前一样整天忙于工作。有了孩子以后，家务事更多了，为了抓紧一切时间工作，他说服爱人带着孩子住在岳父家里，自己每天早上搅上一碗玉米糊糊，打上一个鸡蛋，吃这样"又省事，又有营养"的食品。有病时，他也无法让自己待在家里。身体虚弱、身子发"飘"，他也要"飘"到课堂上来，即使讲不了课，也要来看看他的学生。有一次，竟至昏倒在课堂上……

他一年忙到头。工作起来，常常没有喘息的时间。近几年来，他出名了，社会活动过多，常常是下了火车上汽车，路过家门奔校门，惦记着那些想念他的两个班的学生。1984年12月31日晚间，他总算回到了家人身边，一进门，他的刚刚一周岁的儿子用陌生和恐惧的眼光看着他，孩子已经很久没见到这位爸爸了。当他的岳父因癌症突然病倒时，全靠他的爱人陪同去四处求医，魏书生忙得脱不开身，以至在老人家临终前见上一面的愿望也未得实现。

八十高龄的吕叔湘同志曾经说过："魏书生不仅是一个一般教育家，还是立志于献身教育事业的一个同志，他有一种忘我精神。……这是一个真正共产主义者的精神。"

在自学道路上攀登

1978年，当魏书生刚刚踏上中学讲台的时候，他这位原来只有初中文化程度的人觉得自己的知识是那样的不够，对教育这一行是那样的生疏。他深深地懂得，要实现自己远大的理想和抱负，完成党和人民交给的为国家培育人才的重任，就必须走一条发奋刻苦自学的艰难道路。

从那时开始，他每天的业余时间和节假日就几乎全部用来读书。春夏秋冬，不知他在办公室里度过了多少个不眠之夜。他常常为了弄懂一个问题要查阅十几种资料，潜心研究，直到弄明白为止。

1983年秋季，魏书生的爱人陈桂琴工作单位搬迁到了离盘山60里的沟帮子，他一人操持家务，又要接待来访的客人。据统计，1984年下学期只有19天没有客人来访。但无论怎样忙，他都一直坚持自学，多年不辍。为了学习，他常常忘记买菜，只好就着酱油、盐水下饭；或者准备点饼干,来不及做饭就嚼几块。严冬,夜里没有暖气,他就用棉被裹住双腿,照样伏在桌上看书、写文章。1984年4月,爱人陈桂琴抱着刚满半周岁的小魏星回到家里。他们已经两个月没在一起了,本应多待几天,可魏书生正准备参加自学考试,生怕儿子干扰他,同爱人商量后,第二天就把娘儿俩送上了东去的汽车。

他还经常利用出差时,在火车上、候车室和旅店里的空余时间读书。凡参加会议,他都把文娱活动参观时间用来学习。

就这样,他用水滴石穿和锲而不舍的精神,几年来先后自学了哲学、教育、语言文学等方面的近20门课程,其中有6门已经通过高教自学考试;并以惊人的毅力和极其坚强的意志,在自学中写下了110多万字的笔记与日记。

辛勤的劳动,终于换来了丰硕的成果。通过学习和实践,这些年来,魏书生还写出了30多篇颇有分量的教育科学论文,有的还被评为优秀论文,比如《思想政治教育与开发智力资源》《培养学生的自学能力》《教书育人浅谈》《既教作文,又教做人》等,受到教育界同行的热烈欢迎和好评。但对此,魏书生并不满足,他决心在自学的道路上,向更高的目标攀登。

教改进行曲

刻苦学习并不是魏书生的目的,他不断地思索,要使自己的实践更加具有科学性,他要进行富有创新精神的改革。

他依据人类社会和经济的加速发展及教育为经济服务的超前性,既考虑当前现代化建设对人才的需要,又站在21世纪的高度,考虑21世纪社会经济发展对人才的需求,以"三个面向"为指导,从整体上改革教育,为"四化"培养一代有理想、有道德、有文化、有纪律的新人。他把现代科学指导方法与共产主义教育思想结合起来,打破只重视传授知识的传统教育思想和灌输式的教学方法,力图建立起一套崭新的教育体系。

魏书生的教育教学核心是培养学生的自我教育和自学能力。为此，在教育方法上，他敢于打破常规，采用灵活多样的手段，把过去老师指令性的教育变成学生自觉的行动，同时把师生放在平等的地位。在教育内容方面，力求丰富多彩，他把政治、经济、现代科学成果、国内外教育理论和教改动态都引进课堂；把春游、竞赛、种地、画画、唱歌、长跑都写进班级课程表；每个学生近期、中期、远期五育十二科的培养目标都科学地排进学生的设计蓝图。这样，就使教育思想与内容、教师与学生、思想教育与各科教学有机、协调地组合，使每个学生的积极因素都能萌动、滋长。这种别开生面的教育方法和科学的班级管理，获得了很大成功。在他三年外出314天，又无人代课的情况下，整个班级井然有序，学习成绩明显提高。

在教学方法上，他也进行了大胆尝试。他总是首先从总体上指导学生阅读初中的六册教材，本学期的一本书、一类文章以及具体的一课书；他总是通过指导学生写日记、批改作文、自出考题、自批作业的方法，培养学生良好的自修习惯。

魏书生在教育改革的道路上度过了七个春秋，他已经用他的办法在初中进行了两轮毕业生的试验。他教过的两轮毕业班，连续被评为三好班级，受奖29次。班级团支部被评为先进团支部。毕业时，学生们体质大大增强，体育达标率98%，体重平均增6.9斤，身高平均增4.4厘米。其中一个班，入学时正常的84双眼睛，只有一只减弱到0.9。八二届毕业生，毕业前半年中，魏书生外出开会62天，无人代课，在初中升高中的考试中，成绩仍然名冠全县第一。

教育先行者陶行知先生说过："捧着一颗心来，不带半根草去。"魏书生的可贵之处正在这里。他向党、向人民、向被教育者捧出了一颗赤诚的心。

《中国教育报》1985年10月8日

04 他把心掏给孩子
——记全国优秀班主任、河北省香河县梁家务乡岭子小学教师武兴元

本报记者·向幼姝

编者按

凭着对教师工作的意义的深刻理解，凭着对事业的执着追求，凭着一颗忠于人民教育事业的赤诚的心，武兴元作为一名乡村小学教师，在极其困难的条件下，二十几年如一日、兢兢业业地工作在平凡的岗位上，作出了感人至深的业绩。

在他的著作《武兴元中小学班级德育工作艺术》中，他特别强调"班主任的心"——那是一颗"洒向学生都是爱"，炽热的、高于母爱的爱心。他概括提炼了一个公式，即"班主任的心＝慈母心＋童心＋匠心＋事业心"。他是这么说的，也是这么做的。

武兴元当教师 24 年，当班主任 24 年，带了 21 个班，班班成为优秀班集体，教出的学生，优等生占 95%。都说人往高处走，水往低处流，出了成绩，领导要"提拔"他当干部。对一个家属是农业户口，靠种责任田为生的农村教师来说，这是许多人求之不得的机会。这样的机会，武兴元前前后后有九次之多。九次，他都谢绝了。如今，他还是一所普通农村小学——河北省香河县梁家务乡岭子小学的班主任。他不想当官。但班主任这个"官"，他越当越上瘾。

武兴元忘不了父亲的嘱托。1940 年，香河县被划进日本人的"华北共荣圈"。凡是中国老百姓，都要佩戴他们发的"良民证"铜牌，就连狗都要戴"良犬证"。可怜目不识丁的父亲，错把"良犬证"挂在胸前，进县城城门的时候，把门

的日本鬼子见了哈哈大笑，一边骂着"好一条中国狗"，一边用鞭子抽打，直打得皮开肉绽。这耻辱，这仇恨，父亲没齿难忘。他发誓，就是要饭，也要让孩子读书。新中国成立后，武兴元读到高中毕业。父亲对他说："你去教书吧，让咱们更多的农民孩子学文化。"

父亲的遭遇，使武兴元立志做教师。服兵役复员后，县里安排他在机关工作。他软磨硬泡，辞去了县机关办公室秘书的职务，下到村小当教师，以后又换了八个地方，但怎么换，也不离开学校。那里，有他的全部理想和追求啊！

当教师，就要当班主任。班主任看似平凡，却也博大精深。武兴元二十几年如一日，兢兢业业锤炼一颗班主任之心。

爱生一片慈母心

一个班主任，要爱全班几十个孩子。爱聪明孩子、好孩子不难，可是，爱淘气的孩子、天资差的孩子就难了。但武兴元爱他们，甚至偏爱他们。他常说，孩子再丑，做母亲的也不会嫌弃。

"冯振红！"没有回答。武兴元第一次踏进这个五年级班级，一个蓬头垢面、衣服脏兮兮的女孩子站了起来。他走近女孩儿，一股酸臭味扑面而来。"她是哑巴！"别的孩子七嘴八舌地说。武兴元心头一震。他走访了振红的家。她的父母告诉武兴元，振红是后天变哑的，上学以后越来越沉默寡言，念完一年级，就完全哑了。家里一直想带她看病，因为生活困难也就拖了下来。武兴元抱着一线希望，决定带振红去看病。振红不肯去医院，武兴元只好自己去找医生。跑了一趟又一趟，医生们说，怕是声带有病变，不好治。对不幸的振红，武兴元倍加疼爱。他不厌其烦，每天给振红打水洗脸，晚上等她做完家务来补课，再把她送回家。无论班里有什么活动，武兴元总是忘不了叫她参加："你是个好孩子，有什么困难老师会帮助你。"一天天过去了，振红的学习成绩由四五十分提高到七八十分，忧郁的眼睛有了光彩。一天,武兴元在班里讲了一个科幻故事《丢了鼻子以后》,孩子们争着要借这本故事书,振红也在后边举着手。"把书先给振红看好吗?"他望着孩子们。"好!"他笑了。孩子们都走了,振红却没有走。她眼里含着泪,望着武兴元。"武老师,你真好!"武兴元一愣:"你说什么?""我说你真好!"旁边一位老师惊喜地叫起来:"哑巴说话了!""哑巴"不仅说话了,不久,还在六一儿童节登台唱了一支歌:《洁白的羽毛寄深情》。小振红边哭边唱,那洁白的羽毛啊,是献给武老师的。

  振红为何失语四年?原来,生性腼腆的小姑娘上学不久,因家务多常常迟到,老师就罚她站着。后来干脆就让她站在教室门外。老师嫌弃她,同学羞她,回到家,父母还数落她。在人们眼里,她是一只丑小鸭。幼小的心灵受到深深的伤害,她越来越自卑,话也越来越少,终于,她不再开口,变成了哑巴,四年没讲一句话。一片爱生情,一颗慈母心,只有小振红懂得武老师的爱有多深。

  高宝龙把他家住的那条街上的孩子都打怕了。按老师们的话说,他是不顺南不顺北,不吃软不吃硬。上了七年学,才念到三年级,专跟老师唱对台戏。后来,他打架斗殴,竟用刀子捅伤同学,进了公安局。武兴元接这个班的时候,学校已开除了他的学籍。武兴元说服校长收回成命。"那是害群之马!让他到你的班上,搞不好影响你的声誉。"武兴元并不打退堂鼓,坚持留下了这匹"害群之马"。

  从此,高宝龙成了武兴元的"朋友"。武兴元一点一滴挖掘他的可爱之处。每天,他让高宝龙到办公室,表扬前一天进步的地方,布置当天要做的事。不久,批准高宝龙加入了少先队,高宝龙慢慢知道了:武老师对自己好。高宝龙开始变了,课堂上不再捣乱,作业也认真了。武兴元抓住这个转机,让高宝龙当了少先队副中队长和纪律委员。高宝龙不敢相信自己这个从小不招人爱的赖孩子竟会得到老师的宠爱。到期末,高宝龙已经完全变了样,成为优秀生,被评为地区级优秀学生干部。每当看到孩子们的进步,武兴元总是深有感慨:只要去爱,孩子都是可爱的。

朽木也能雕成龙

　　北京工艺美术服务公司有一个用朽木雕成的龙，栩栩如生，标价3000元。武兴元看到这件作品，感叹不已。当班主任，何尝不需匠心！这位工匠偏偏选择朽木刻意雕琢，更是用心良苦，不知多花多少心血。

　　有个叫李臣的孩子，一、二年级已念了六年，实在念不下去了，学校也就不把他算正式学生。1987年秋，武兴元接三年级，李臣又自动留级，去了新升上来的二年级。武兴元在自己的班里给李臣注册编了学号，他不相信李臣就雕不成器。

　　李臣对武兴元有个要求：犯了错误要给他保密。保密可以，但得改正。师生达成"协定"。为了交书费杂费，李臣去挖沙子赚钱。武兴元马上告诉了李臣的父亲。对李臣早已失望的父亲不禁喜上眉梢，给他交了钱；李臣留了长头发，武兴元告诉他，自己理发的手艺还不错，可以帮他理；李臣穿了大红格子衣服来学校，武兴元劝他换一件。没有呵斥，只是劝导。行，理就理，换就换。李臣变得听话了。给别的孩子讲一两遍就行的事，得给李臣讲十遍百遍。哪怕他的进步微不足道，武兴元也觉得自己付出的精力是值得的。武兴元把李臣犯的错误分成"前进中犯的错误"和"误解造成的错误"，不论李臣怎样反复，都恪守自己"不告状"的诺言。谁能相信，一年以后，一个"留级万岁"的学生竟成为"三好生"。一块"朽木"硬是让武兴元雕成了"龙"！

　　武兴元教书20多年，不知把多少"朽木"雕成了"龙"。他教的学生成为优等生的高达95%。小安刚逃学一年，升三年级时听说换了武老师，又跑回来了。这孩子淘气，生性好动好问。武兴元想方设法把他的兴趣引导到正路上，激发他的上进心和求知欲。一年以后，安刚就在全县小学生知识竞赛中拿了头奖，在地区比赛中获第四名，今年又以优异成绩考上中学。读了六年才到三年级的郑艳波，总爱低着头。一个女孩子，功课不及格，留了一级又一级，自卑极了。武兴元决心让艳波抬起头来走路。艳波反应慢，就努力挖掘她的非智力因素，培养她的兴趣。通过让她在自习课上给同学读报和当语文科代表培养她的表达能力。慢慢地，她对作文有了兴趣，词汇量大大增加，每天自觉记日记。语文的进步又带动了其他学科，到四年级的时候，语数两科都冒了尖，她的作文甚至成了五六年级的范文。艳波对父亲说："武老师说我不笨，以后再也不会蹲班了！"跟艳波同班的李德龙，也是读了五年一、二年级，他父亲说他根本就不是读书的材料。可武兴元精雕细琢，一年之后他以数学100分、语文90多分的成绩升入四年级。武兴元觉得，原料资质差，更能体现工匠的技艺，只要教师匠心独运，每个孩子都是可以雕成器的。

学校里的"园艺师"

带一个班和管一片园林有相通之处。一个好的园艺师，他的整个园子都郁郁葱葱。而一个好的班主任，他的整个班集体都生机勃勃。武兴元自命"园艺师"，他带了21个班，其中许多是慢班、差班，经过他精心调理，全都成为优秀班集体。

新接一个班，武兴元总要逐个了解孩子的家庭、学习、思想、性格、爱好，找他们谈心，给他们制订教育方案，每学期要轮流家访三四遍。作为"园艺师"，他无疑是勤奋的，作为班主任，武兴元认为，一个班级，应该成为强化教育作用的集体，班里的每个孩子，都应该培养成共产主义接班人。

多年来，武兴元一直担任小学低年级班主任。经过不断积累完善，他形成了自己独特的班主任工作艺术。

以前，班里的小干部差不多是"终身制"，大多数孩子没有锻炼的机会。武兴元把班委会和队委会合二为一，只设一名常任中队长，另有四名委员每周轮换一次，大家机会均等。这样，每个学生都有强烈的主人意识。每周的干部工作情况都要由大家评定。这样，特别激发了那些后进生的积极因素，抑制了不良行为。

八九岁的孩子都善于模仿，可塑性强。针对这样的特点，武兴元开辟了一系列激发孩子上进心，让他们自我激励并向身边同学学习的树立"小榜样"活动。他在班上树立了十几种"小榜样"，如遵守规章制度的榜样、有错就改的榜样、讲卫生的榜样、团结友爱的榜样等，事迹贴在墙上。每个孩子都是别人的榜样，这样，提高了他们自我完善和自我教育的能力。同时，每个孩子又能在自己的身边找到某方面的榜样，学起来有目标也有动力。小张娜是学习好的榜样，可身体不好，她的目标是"三好"。王雪冰怕当干部影响学习，但优秀干部的榜样李长城的经历告诉他：当干部是促进自己学习的动力。榜样多了，班里的各项工作就好做，班风也就很快好起来。

班主任工作经验千条万条，武兴元感触最深、效果最佳的一条是：班主任给孩子树立一个真善美的表率。桃李不言，下自成蹊。每天，他最早到学校，和孩子们一起晨跑；课堂上，他循循善诱；课后，补课、谈心、家访；晚上，还要批阅作业、备课……这就是老师为共产主义事业奋斗。于是，孩子们懂得了少先队员誓词"时刻准备着"的含义：做好事，帮助同学……有一次全乡统考，班上语数两科都是第一名。武兴元后来知道一名学生作弊多得10分，就批评他。他反问：上回乡里评比您不是同意少交一本差的作业？武兴元没有回避，立即向全班同学作了检讨。他向孩子们提议：把那不真实的10分减去。他又跑了几里路到乡文教组，请他们减去10分。由此，孩子们懂得了什么是荣誉，什么是诚实……

武兴元知道，自己的言行就是孩子们的道德行为"守则"，它比任何一本守则更生动、更形象、更直观、更具体。

甘蔗没有两头儿甜

对孩子的"五爱"和四项基本原则教育，武兴元着意渗透在整个教学活动中。主题班会、课堂教学、春游远足，都贯穿着思想教育。他在语文教学中，把每一篇课文侧重的思想意义进行强化，如方志敏对祖国的热爱，童第周对科学的执着……他把崇高的理想变成一点一滴的努力。

武兴元太忙了。就连摔伤了胳膊，也苦于抽不出时间治疗。1985年调到岭子小学以前，他所在的学校离家35里，他吃住在学校。

三个上学的孩子，失明的母亲，加上12亩多责任田，把妻子累得一身病。谁家的男人这么不顾家？有一天，等着武兴元回来帮一把的妻子怎么也等不来他，越等气越大。武兴元回来，妻子开始"审"他：家里孩子老人你操过心吗？责任田里的苗苗你侍弄过吗？整天泡在学校，图个什么虚名！

"名是什么东西？我是为了孩子！"武兴元一怒之下，连夜又返回学校。

静下来，武兴元感到内疚：家里田里，妻子没日没夜操劳，做教师难，做教师的家属何尝不难！他让人给妻子带了封信并请妻子来学校看看。妻子到学校住了一个星期。她看到武兴元整天忙不完的事，比自己在家还忙。武兴元对妻子说，你在家种责任田，是种禾苗，我当班主任带一个班，这是我的责任田，是栽人苗。这人苗要是伺弄不好，不是误一茬误一年，而是误人一辈子。甘蔗没有两头儿甜，我怎么能不扑下心来干呢？妻子默默点头。

她的半身不遂前期症和骨刺越来越重，已无法行走。可她还有自己的一片责任田啊！她让邻居用自行车带她到田里，跪在地上侍弄棉花、庄稼。掰疯叉、捏尖儿、拔草、松土、上肥，从东爬到西，又从西爬到东。到了晌午，再到地头等着，让路过的人带回家。1986年，她又患了病毒性面瘫，庄稼叶子割破了脸都不知道。不管怎么苦，她不向武兴元诉。

一个星期六晚上，武兴元从学校回到家，还不见妻子回来，放心不下，骑车去地里找。田边，放着一袋化肥，一袋种子，顺着田垄走到头儿，只见妻已昏倒在地上。因为低血压，她已经几次晕倒在地里，可一次也没对武兴元说。

大儿子望着妈妈跪着磨破的补了一层又一层的裤子，眼泪止不住地流。他上高中住校，周末一回家，就拼命干活，恨不能都替母亲干完。

十二三岁的二儿子放学后做饭、洗衣服、给母亲洗头洗脚。小三儿才十来岁，就知道每天给母亲熬药，照看失明的奶奶……

一个教师的奉献岂止在学校！全家人苦苦奋斗，舍命陪君子。武兴元知道，作为丈夫、父亲、儿子，自己能给予亲人的太少了。1984年，武兴元到北京中南海参加了全国优秀班主任代表会，还在会上介绍了自己当班主任的经验。一回到家，他就把金质奖章亲手戴在妻子胸前。这些年，自己被评为省模范班主任、省优秀园丁、省少先队优秀辅导员、省少儿先进工作者、全国优秀辅导员、优秀班主任……哪一项荣誉没有妻子的一份功劳？

如今，武兴元已年届五十，五十而知天命。当了24年班主任，仍乐此不疲，他知道，"终身班主任"便是自己的"天命"。

这是一颗教师的心，一颗班主任的心。这颗心，就像他脚下的土地一样，朴实、慷慨、无私。这颗心，完完全全献给了孩子，献给了祖国的未来。

《中国教育报》1989年10月5日

05 奔腾的涌浪
——记"情境教学法"创立人、特级教师李吉林

本报记者·张玉文

编者按

1978 年，教育科学实验在全国蓬勃开展，实验项目如雨后春笋，遍地萌芽。李吉林和她的"情境教学"实验，是这些成果中的璀璨代表。

20 世纪 70 年代末的小学语文课堂，"单调、呆板、低效"。1978 年秋季开学，李吉林开始了教学改革的试验。这一年，她 40 岁。从语文情境教学实践中概括儿童学习规律，30 年的实践、总结和凝练，李吉林从课堂层面的"情境教学"，到育人层面的"情境教育"，再到课程层面的"情境课程"，最终构成了情境教育"三部曲"，为解决现代学校儿童学习难题提供了宝贵经验和理论方案。

她是从教师中走出的教育家，她是"长大的儿童"。

"我爱小池，也爱溪流，那是因为我爱它们的'清'和'远'。然而生活里也少不了涌浪，倘若没有涌浪，便辜负了人生。小学教师的生活，有时像小池的明净，有时像溪流的清远，但似乎少了一点跳跃的涌浪。于是，我很向往大海的奔腾……"这段充满哲理而又富于诗意的话，摘自江苏南通师范二附小教师、全国人大代表李吉林手记。这段话，如同她的人生写照：这位在平凡岗位上作出突出贡献的不平凡的女性，一生都在追逐大海的涌浪，让生活腾起美丽的浪花。她以创立"情境教学法"而闻名遐迩。

小学教育领域如同广阔而深远的海洋，那拍击岩岸的涌浪吸引着她一次次去搏击

1938年，在母亲欣喜而苦涩的泪水中，一个小生命呱呱坠地。在她还不懂得什么是父爱时，父亲已永远地去了。这个不幸的孩子就是李吉林。童年的生活是苦难的。在暗如长夜的岁月里，她常常独自站在河边，望着月色下轻轻荡漾的水波，去想一个很美很美的梦……

1949年共和国成立的礼炮使李吉林梦想成真。不用说，她是怀着怎样的心情去拥抱这个美好的新中国，少年时代真是无忧无虑。初中毕业了，李吉林在升学志愿表上只填了两个学校：南通女子师范和南通师范。因为在她的心目中，教师的形象一直都是美好而崇高的，她常常幻想着当一个教师是多么快乐而有趣啊！充满诗意的憧憬，使她选择了教师这个职业。

也许，因为她成绩优异，又多才多艺，幸运之神向她频频招手，不断地关顾她。从江苏南通女子师范毕业时，李吉林22门成绩是"5"分。那一年师范毕业生可以报考大学，可是她没有改变志向，高高兴兴地来到女师附小，也就是现在的南通师范二附小。她能歌善舞，又会弹钢琴，被文化部门看中了，要抽她搞文艺；参加排球队去南京比赛，省体委干部见她灵敏矫健，又劝她留在跳伞队。可她认定了"我读的是师范，我的职业是教师"。

李吉林之所以执着地迷恋小学教师这一职业，并非因为她比别人顺利。和所有当过教师的人一样，她也有初为人师的烦恼。18岁，正值青春年华。月光下，她漫步校园，想象着和孩子们初次见面的欢乐。她把课堂上要说的话一句句默诵在心，甚至连语调、手势也尽量构想得美妙妥帖。可是，当她在讲台上讲得兴致勃勃时，孩子们却叽叽喳喳，根本不听，教室里就像小鸟上窝，闹个不停。夜晚，李吉林坐在灯下，从这些调皮捣蛋的孩子想到正在大学读书的同学，泪水止不住地往下淌。痛苦中，她陷入

久久的沉思：生活是不可能风平浪静的，我绝不能畏缩。于是她开始琢磨孩子的心理，了解他们的兴趣爱好，进一步亲近他们。操场上，她忘了自己是个女教师，和班上的男孩子一起奔跑着踢足球；下课后，她又成了鸡妈妈，和孩子们玩起了老鹰捉小鸡的游戏。班上一个男孩子没能和大伙儿一起戴上红领巾，他伤心地哭了，李吉林也哭了……这一年考试时，作文题目是"我的班主任"，想不到那么多学生写了李吉林，表达了对她的热爱。她第一次品尝到当教师的幸福，这是人生一大快乐，是其他任何职业都无法比拟的。这种独特的感受，让她刻骨铭心。

李吉林在师范读书时，就十分注意各方面素质的培养。打乒乓球、荡秋千、学画画、练美术字，还弹一手好琴。有这么好的底子，她的课不仅很快受到学生欢迎，也引起同行的关注。不久，她就为师范学生上公开课了。一棵充满希望的小苗破土而出。1958年，南通市教育局派李吉林到省教育厅教材编写室编写教学参考书，这对一个只有两年教龄的青年教师来说是多么大的荣誉啊！李吉林并不沉醉于此，她利用这个机会向一些老前辈、老教师学习了不少宝贵的东西。1962年，李吉林出席省里召开的语文教学座谈会，因为是小字辈，她坐在一旁不敢吭声。在当时的江苏省教育厅厅长吴天石先生的鼓励下，她发了言。会后，吴厅长说李吉林谈得很好，并让《江苏教育》的编辑把她说的整理成文章发表出来。这些真诚的帮助，仿佛把她带到了广阔而深远的海洋，那拍击岩岸的涌浪是那么诱人，吸引着她一次次地去搏击。

跃上改革的浪峰，她成为新时期最早的教改实践者，"情境教学法"获得成功

1978年，李吉林被评为江苏省第一批特级教师。亲人们说："40岁当特级教师，后半辈子就别想清闲。"这话不假，李吉林的后半辈子注定要和小学教育改革紧紧相连。

小学语文教学内容是极为丰富的，它包含了促进儿童发展的诸多因素，但传统的灌输式教学却忽视了这些。支离破碎的分析讲解、没完没了的重复性抄写以及不求甚解的机械背诵，压抑了儿童的发展。如何从整体出发，探索一种促进儿童智能及心理品质和谐发展的途径，成为李吉林魂牵梦绕的一桩大事。她一改长期从事小学中高年级语文教学的路数，主动要求去教一年级，同时开始对情境教学进行探索。外语教学中运用情景训练语言给李吉林以启示，她又从中国古代文论"境界学说"中吸取更多的营养，努力寻求具有中国特色的情景交融的教学模式。

她改变了低年级语文教学仅仅以识字为重点的传统方法，创设情境，进行片段语言训练的尝试。在一堂口头作文课上，李吉林领着学生进行实地观察后问：小朋友看到了什么？孩子们你一言、我一语地说开了：有绿色的田野、整齐的厂房，还有静静的河水……李老师鼓励孩子们说："大家说得真好。"接着，她以"田野"为中心，进一步启发学生："哪个小朋友，如果能用一句话说出田野是什么样子就更好了。"这一下子课堂里的气氛热烈极了：

"我看到一大片金黄色的田野。"

"我看到广阔的田野一片丰收的景象。"

"我看到美丽的田野好像起伏的海洋。"

没想到孩子们的语言这么丰富。当然，在语言训练过程中，孩子们的思维也得到了发展。

观察情境，引导儿童获取作文题材，这是情境教学迈出的第二步。它使儿童作文时有话可说，有话要说。

三年级有篇作文，题目是"我是一棵蒲公英"。让我们看看，李吉林老师是怎么教孩子写这篇作文的。

一个晴朗的早晨，李老师带着班上的学生来到开满野花的小河畔。孩子们像一群快乐的小鸟，欢叫着，蹦跳着。他们一会儿拉着李老师去看野花，一会儿又让李老师告诉他们野花的名字。"哦，这是婆婆纳，那是荠菜花……还有许多不知名的野花呢！"孩子们在老师的指点下一一辨认着。

"大家看，那边还有更美的野花！"她把孩子们带到蒲公英丛生的田野的一角，让孩子们按叶、茎、花的顺序观察，并指导他们边看边描摹各个局部——

"蒲公英的叶子向四面展开。"

"它的茎青里透红，又细又长。"

"金黄色的小花真像野菊花。"

蒲公英的种子是富有诗意的。李老师小心翼翼地摘下，用劲一吹，轻软的种子便乘风飞去。蒲公英飞了，孩子们的心灵也插上翅膀跟着飞了……

课堂上，抓住文题，打开思路，是作文指导课的重要环节。李老师启发孩子们："有许多小朋友还不认识蒲公英，你准备先向他们介绍什么呢？""介绍我的名字。""介绍我的家。"孩子们抢着回答。李老师顺势启发说："你们的家在哪儿？家里都有什么人哪？"

"小草是我的兄弟。"

"婆婆纳、野蔷薇是我的姐妹。"

"蝴蝶姐姐是我家的常客。"

就连成绩较差的学生也争着回答，孩子们的思维处于积极状态。

李老师又着力提示，要突出蒲公英不怕苦的品质，这是文章的中心。于是孩子们又合情合理地想象着蒲公英不怕苦的情景……

她真像一位神奇的魔术师，将孩子们带入了形真情切的具体情境中。

观察情境，把孩子们带到了永不枯竭的生活的源泉中，孩子们贮存的词语一下子变得生动而富有感情色彩，他们有那么多的感受要诉诸笔端，还会害怕写作文吗？

即使是比较乏味的识字教学，在李吉林老师的课堂上同样生动有趣，更不要说那些极富感情色彩的阅读课了。

李吉林这样描述"情境教学法"：它是通过创设与教学内容相关的情

境，让语文教学进入情感领域，激发起学生的学习兴趣，并凭借情境，把知识的教学、能力的培养、智力的发展以及道德情操的陶冶，有机地结合在一起，从而促进儿童的全面发展。这是她积十几年经验之所感。

情境教学给孩子们带来的好处是不言而喻的。然而在实验之初，仍有些人认为不用统考这把尺子去衡量没有说服力。因此，在第一轮实验结束时，她的学生参加了毕业统考。没有加班加点，也不增加学生的负担，全班同学93.5%作文成绩达到良好，其中55.8%达到优秀，其比例是城区小学平均比例12倍之多（城区小学平均优秀比例为4.58%），43名学生中有33名考上了重点中学。这一结果令那些对实验持观望态度的人折服。

大海在喧腾之后依然不会平静，
她继续向"情境教育"的实验进军

当"情境教学法"日臻科学与完善时，江苏省和南通市先后五次召开推广实验的现场会，李吉林的知名度越来越高。

像江海奔流，李吉林不可能躺在平静的港湾去享受荣誉，她将永远去追求那奔腾的涌浪。她不再囿于语文单科实验，大胆地将"情境教学法"向其他学科渗透。一经尝试，捷报频传：相邻的思想品德学科成功了，音体美等学科效果也不错，就连数学学科也取得了令人满意的结果……就这样从一班到全校，从单科到多科，情境教学进入了整体改革阶段，为"情境教育"的提出奠定了坚实的基础。

"情境教育"的实验与研究，又一次体现了一个改革者的气魄。李吉林主张通过多样化的课外活动、主题性大单元活动和系统性野外活动，拓展教育空间，渲染学校欢乐向上的气氛，丰富课堂认识活动的源泉，提高教育的整体效益。1995年，在全国教育规划领导小组会上，这一课题经专家评定被列为国家教委重点课题。

由"情境教学"发展成为促进儿童素质全面提高的"情境教育"，这是一次了不起的飞跃。1993年暑假,为完成论文《从"情境教学"到"情境教育"的探索与思考》,李吉林在酷暑下天天伏案工作,病中还躺在床上校对稿子。在纪念邓小平"三个面向"发表10周年大会上,她宣读了这篇论文,引起教育界的轰动。1996年12月中旬,出席全国情境教学——情境教育学术研讨会的专家和同行们,利用三天时间在南通师范二附小对情境教育进行了现场观摩,从单科的教学活动,到主题性的班会、校会,都给与会者留下了深刻印象,那欢乐向上的气氛仿佛把他们又带回到幸福的童年。大家一致认为:情境教育的实践是成功的。

李吉林从一个初试身手的实验者成长为一名成熟的小学教育家,不仅得益于具有扎实的实践根基,同时也得益于对理论的学习与探究。无论是漂洋过海去域外考察,还是在全国各地上课讲学,她都抓紧一切机会与当地教育名流切磋,向教育理论家请教。她还广泛地阅读哲学、美学、社会学的理论,凡与"情境"关系密切的学说都悉心研究。18年来,她已完成《情境教学实验与研究》等共6本专著。

更让人感到欣慰的是,李吉林还带出了一支过硬的青年教师队伍。在她的推荐下,全校已有8名教师赴外省上课。中国电视师范学院拍情境教学讲座,李老师撰稿后,让15名青年教师登台亮相。在她的带动下,这批年轻人你追我赶,有的已成长为特级教师。

大海在喧腾之后会归于宁静吗?"小池的宁静,溪流的清远,固然都很诱人,然而奔腾的涌浪更能让人感受生活的真正意义和欢乐。"这就是李吉林,永远都不会停歇。她必定和她的同行们在涌浪中搏击,在涌浪中前进。

《中国教育报》1997年1月13日

06 唱响在青海高原的教育诗
——刘让贤写真

本报记者·张圣华　王仲林　钟伟　《人民教育》记者·梁伟国

编者按

1956年，15岁的刘让贤随家人移居来到青海。三年后，念完高中的他作为具有较高文化的农民，踏上了乡村小学的土讲台，一站就是50年。

东山乡地处青海高寒的脑山地区，土地贫瘠、气候恶劣。在这种艰苦条件下，刘让贤半世如一日地每天骑着自行车，往返于县城和学校之间。学校里学生走了一茬又一茬，教师换了一批又一批，可刘让贤一直坚守在自己的那方土讲台上。村民们说，他是这所山村学校坚实的顶梁柱，是这片田野忠实的守望者，是学校的精神和灵魂。

这次采访，记者心中有一种浓浓的苍凉感。从有关单位提供的资料上得知，刘让贤已是一身的病：耳朵聋了、腿患有严重的风湿病、Ⅲ型肺结核……

不料，当跨过刘让贤门前十分泥泞的小路，走进他家小院时，一位目光炯然、精神抖擞的青海农民快步迎了出来，嘴里好像还在吃着什么，衣服胡乱穿在身上。青海同志介绍：这就是刘让贤。

没有感到他是个病汉。

小院内鲜花灼灼，果树葱葱，青菜也长得很旺。可以想象，这家的主人手脚勤快，活得有生气、有滋味。

此时是下午2点40分。刘让贤刚从省城办事回家。

他刚才正坐在炕沿上吃凉馍馍，就着一盘凉拌辣椒。记者揪了一小块儿凉馍馍塞在嘴里，呀！那么硬，那么糙。"好味道！好味道！"记者连声夸道。

刘让贤笑了，说："这样的馍馍我也会做哩。每星期我回家带一次馍馍，你瞧我吃得身体多结实。"他拍拍胸膛。

记者心想，每顿饭吃馍馍，再来个菜，日子还算过得去。然而，不久，记者便因为有这么一个念头而深深自责了。

第二天的中午，当记者追踪刘让贤到什巴小学采访时，发现他吃得仍是一块凉馍、一块煮洋芋蘸咸盐，他吃得津津有味。记者问："为什么不吃点菜？"他说，这儿是土山区，常年干旱，水刚够吃。有时大旱，井里没水，大家吃水都很困难，哪有水种蔬菜呀。

在城市生活的人，不明白吃饭为什么不吃菜，不敢想长年不吃青菜，人会成个什么样子。

但最可怕的是，馍馍放个五六天后，变干发霉，竟还有人敢吃下去。

刘让贤却就这样过了38年。

虽是第一次见面，但刘让贤对中国教育报刊社的记者感到很亲近。寒暄过后他说："你们不是外人，我把饭吃完。"

屋里实在没地方坐，客人便坐在屋门前的破方凳上。刘让贤抱着盘子，一屁股蹲在门槛上，大嚼起来。

他的牙全掉光了，镶了满嘴的假牙，说话时声音很高，很沙哑。为了对话方便，右耳戴着助听器。走路时左腿不便，但他求快，似乎不甘走在别人后面。背驼了，衣服也说不清是什么颜色。他不像个名人，像个土生土长的当地人。

"到西宁办事，怎么不吃了饭再回来？"我们好奇地问。"我从来没下过饭馆。到西宁办事儿，买上两个馍，边走边吃，其乐无穷。"

"我有一次出差还挨了两天饿。1994年到北京去领奖，想多给学生们带点书回来，娃子们在山里，买书难哪！上火车时钱就全花光了，一直饿到兰州。在兰州借了钱又换车才回到西宁。"

据互助县教育局的同志介绍，刘让贤每次到局里办事，局里照顾他长期在山上，身体差，请他下馆子吃点菜、吃点肉，他就是不肯，非赶50里路回家吃饭。"他家里有啥好饭哩，还不是凉馍馍就咸茶水。"

"奇怪！这满院子的青菜，为什么不吃？"记者感到纳闷。

"山上娃子们苦，老师们也苦；山上没有菜吃，我每星期回家给他们带上点儿。娃子们正长身体呢。"

是啊，"山上的娃子们"正长身体呢。刘让贤家的三个孩子就像不用长身体似的。刘让贤的女儿说：院子里的菜和果子一熟，爸就收一收带到学校去。有一次，在县里工作的刚过门的嫂嫂分了200多斤过冬的白菜，知道家里没有菜，就运回家里。不料，还是让爸拉到学校去了。

青海的山区夏短冬长，5月份小草才抽芽，到10月，已是天寒地冻。冬天，山风如刀，零下20多度的低温持续几个月。风一大，电就停了。

刘让贤的妻子谈到，冬天的夜里，让贤在山上的学校里冻得睡不着觉，她就让他带一个盐水瓶子，晚上灌上热水，塞到被窝里，好暖和一点儿。可是半夜让贤还是被冻醒了，热水瓶子里也结了冰。

在如此寒冷的山上，有着刘让贤许多感人的故事。已做了裁缝的刘让贤的学生席进梅，给我们讲述了她亲眼见到的一件事。

1988年初冬的一个早晨，刘让贤在校门口迎风等候着上学的娃子们。只见从10多里外的甘家岭赶来的四年级学生赵元德冻得浑身发抖，他竟还穿着破烂的单衣。刘让贤心疼万分，脱下自己的棉袄，抱住赵元德，忍不住泪水涟涟。工资一发下来，他就给元德买了一套新衣、两双鞋，给露着膝盖的席生林买了两条裤子。

刘老师的棉衣，不止一次地送给学生。

赵元德该上一年级的时候，因为家里穷，没有可穿到学校的衣服，上不了学。刘让贤听说后买了衣服、书包，送到他家，第二天元德便高高兴兴地进了学校。

据席进梅介绍，刘老师那么多年来好像就那么两件衣服，蓝的、灰的中山装，早已洗得发白。

谈到刘让贤的衣服，互助县教育局同志说，1985 年他到北京领奖，局里见他衣服太旧，花 40 元给他做了一身"蓝的卡"。领奖回来，他又把钱如数交给组织。他说："国家还困难，我不能占公家的便宜。"1989 年到北京参加全国劳模表彰会，由于衣服太寒碜，几次大的游园活动，他干脆闭门不出。

据记者观察，刘让贤基本没有"服装意识"。当记者拍照，让他换一换衣服时，他大惑不解。他说："这山里穷、苦，有衣保暖、有饭填肚就行了；贪吃贪穿，能在这山里挺几天呀。"

刘让贤有两个儿子，一个女儿，现都已参加工作，自食其力了。他们都是优秀青年，生活的磨砺使他们坚强。

"我不知道爸有多少工资，也从不指望花他的钱。"大儿子刘忠在接受采访时谈道。

"1986 年我考取了吉林农业大学，因为我喜欢野生植物资源专业。临走的前一天晚上，爸说：'咱经济困难，你要少花费。'爸一开始每月只给我寄 20 元，后来发现 20 元实在不够，便每月寄 30 元。上大学是一个人走向成熟、走入生活的重要一站，我需要与他人、与外界交流，需要买书、买日用品，回家的路费也要从每月的 30 元中挤，真是捉襟见肘啊。有时候校外的农场收豆子，我就去帮着收割，豆壳尖扎得手像被割一样疼，就为了挣几块钱，添补一下。"

"后来在回家的火车上，我碰上一位在西北民族学院上学的本县老乡，她是位土族姑娘。通过交谈，她才知道我是刘让贤的儿子。她告诉我，她是爸的学生。直到那天，我才知道，爸在资助她上大学，同时还资助着好几位家境贫困的孩子上学。"

20 多年来，刘让贤花在学生身上的钱到底有多少，家里人没有谁能说得清楚，老师们粗略一算，至少有 9000 多元。

刘忠擦一把泪，继续谈下去。

"上初中时，总见不到爸的人影，一周他才在家一天，所以家里的活儿也不指望他。1982年我15岁,家里的房子实在太破,只好准备盖房,这需要好多土坯。我家的土坯都是我打的,13岁的弟弟帮我提水。那时真累坏了,直到现在,一累腰就疼。"

我们在刘让贤家看到了刘忠和小弟弟打土坯盖起的房子。

房内打扫得很干净,几乎没有家具,只有一件如桌似柜的家什,也不知什么年月传下的,上面放着"孺子牛金球奖"奖杯。房子共四间,不算高,门窗破旧,四壁挂满锦旗、奖状。第一次踏进这屋子的人,免不了对这住了十几年的土坯屋与主人几十年辉煌荣誉的对比反差而大感诧异。据县里的领导讲,这房子夏天漏雨,冬天进风,凑合住人。

我们在刘让贤的家门口,悄悄采访了一些乡亲,他们说:"我们陶家寨比让贤呆的东山乡寺尔村可强着哩。这儿在山下,有水,能吃上菜,粮食也收得多,冬天风也不太大。寺尔村是'脑山'地,前几年还有人吃不饱饭哩。我们问让贤,你咋不调回来?瞧你在山上面受那个罪,你媳妇自个在家又那么苦。让贤就笑一笑,也不说个啥。"

"让贤媳妇苦着呢!"乡亲们摇着头感慨。

"那二年种责任田,他们家有七八亩呢,就她和大小子种,让贤周末回家帮一把。抢种、抢收、脱粒、晒场、收藏、送公粮,大都是她一人干。一年下来,让贤媳妇像变了一个人,我们都吓一跳,咋这么黄瘦黄瘦的,就问她:'你是不是有了病了?'她就笑笑。她好脾气,遇到事也不着急。可那年收豆子,她和孩子坐在地里使劲儿哭,拖不动麻袋,拉不动车。唉!干农活,尤其是抢收时节,抢不及时,一场大雨,全完!家里没有个男人咋行?你还不知道吧,她那时还在村里当着老师呢!一天六节课。她教得好,我们愿把娃儿送给她教。"

我们终于在第二次去刘家时,见到了这位令人尊敬的母亲和妻子。她长得高高的,很秀气。她叫周秀英,比让贤小七岁,但看上去还要更年轻些。这也许是得益于她常常宽容的微笑,得益于对生活的不苛求,更得益于对一种崇高理想的理解。

她向我们讲，前年让贤拗不过孩子们的缠磨，买了一台彩电。一个周末，孩子们正兴致勃勃地看电视，让贤带着两个"陌生人"来了。在家吃完饭，"陌生人"抱走了他们家原有的那台"小黑白"。女儿琳琳问：

"爸，你把小电视卖了？多少钱？"

"我把它送给岔尔沟小学了。"

过了几天，让贤又赶着驴车回了家，并动手拆老二的床。老二问：

"爸，你拆我的床干啥？"

"席老师没床睡……"

让贤说完就赶着车走了，走时留下话："不许老大、老二同时回家，不然没有床睡。"说到这儿，她情不自禁地笑了。她后来才知道，那床是让贤拉到学校，帮助了一位经济困难的民办教师。

她笑着说："我们丫头琳琳嘴快，她说：'家里就放不住个啥东西，爸的手快，见了就拿走。这叫家什么难防。'"

当讲到陶家寨的乡亲时，她没笑，很郑重地说："这儿的乡亲好着呢，他们敬重让贤，帮了我们不少忙。"她平静地谈到，她得过两次急病，疼得在床上滚，都是乡亲们连夜用地排车轮流拉着跑到西宁市医院急救的。1985年胃穿孔，做了五个半小时的手术，做完手术的第二天，让贤才知道，下山到医院看了一眼又赶回去。

"您怪刘校长吗？"记者问。

"哪能怪呢？我是他当年资助的第一位学生，所以理解他心里想什么。学生是他的命根子，教育好土族孩子是他一生的追求。有什么能比这更重要呢？"这位也已经教了30多年土族孩子的女教师，平平静静地说出了这段动人心魄的话。

她说，让贤是天津人，15岁时来到青海。我们青海农村过年有给长辈叩头的风俗，让贤在青海没有亲戚，每次过年，一大早，院子里黑压压地跪倒一大片年轻人。他们都是让贤的学生，有的从几十里以外赶来，给让贤拜年。

听县里的同志说，周老师能歌善舞，在全县教学竞赛中两次获奖，曾和刘让贤同登领奖台。

陶家寨村外有一条河，叫沙塘川河。嬉闹的流水给村子带来不少生机。刘让贤每周一的凌晨便从这儿渡河北上，到学校去。

刘忠告诉我们："小时候，河上没桥，父亲蹚水过河。冬天的早上，天还不亮，我跟在父亲后面，等他蹚到对岸，他再把雨靴用力丢过来，我就抱回家来。这一幕持续了十多年，至今梦里常常萦回。"

那天，刘让贤站在桥上指着沙塘川河笑着对我们说："这条河可把我害苦了。冬天蹚水，脚像放进火里烧一样疼。我上岸后就使劲儿跑，跑好远，这样就可减轻一点儿痛苦。十几年下来，还是落下这腿疼病。"

对于刘让贤腿疼病的原因，东山乡的同志还有另一种解释。从沙塘川乡陶家寨，到东山乡什巴小学所在地寺尔村，有30里山路，每星期一个来回，21年了，刘让贤走了4万多里路，差不多是两条连起来的长征路。再加上坡陡弯急，路旁山大沟深，一不小心就会摔下山谷。每次下雨，这条路根本就不能走，但刘让贤硬是走了，能少挨摔吗？他那腿疼病是连累加摔落下的。

我们有幸与刘让贤一同乘省教委的吉普车上山到什巴小学。路上，陡坡把吉普车憋得嗡嗡作响，车颠得非常厉害。在一个巨大的陡坡半腰，吉普车突然灭火，车身猛地往后一顿，车上的人大惊失色。等车一停稳，大家下去用力推车，好不容易才推上坡去。

这山路的弯儿实在太多了，转来转去，我们已迷了方向。

刘让贤指一指身后说："瞧这陡坡了没有，我跟它较了21年的劲儿。30岁左右走这条山路要两个小时；40岁后，得两个半小时；现在老了，身体不争气，要走三个半小时。我真有爬不上去的感觉。每周一的早上，一群孩子先走十来里山路到学校，再顺这条路下来接我，帮我背干粮、背菜、推自行车。我说过他们多少次，不要来接，不要来接，他们就是不听。"

什巴小学位于互助县东南部的山区，海拔3000米，缺氧缺水。该校坐落在寺尔村的半山腰上，是硬从山上开出来的平地。据东山乡党委书记兼教委主任张延圣介绍，东山乡有100多个山头，300多条沟壑，没有公路，信息闭塞，至今没有一家乡镇企业，也没有一个集市。寺尔村是个大村，分上寺尔、下寺尔、昂人沟、什巴沟，这儿90.3%的居民是土族。什巴小学的学生来源于九个自然村，74.3%的学生是土族。这儿的村民人均年收入505元，比国家级贫困县的人均收入多5元。

记者站在学校门口的高坡上，放眼望去，满目的山峦连着白云，学校被山封得严严的。学校四周是土墙，学校的房子也是干打垒，但是校园内干净、整齐、一板一眼，布置得很用心。周围的村民，没事儿喜欢来学校看看，学校有一种他们说不清的气氛深深吸引着他们。

这儿就是刘让贤奋斗了21年的学校吗？据什巴小学一位退休老师回忆："当年让贤来这儿当校长，第一件事儿是动员各村达到学龄的孩子上学，他说，不上学就永远没有出息。"但在当时当地这是个非常困难的问题。当地人认为，娃子总是要干农活、挡牛挡羊（放牛放羊），上学几年下来不但挣不了钱，还要花不少钱，连活儿也不会干、不愿干。咱不上这个当。

刘让贤对自己说："好吧，就从零开始。"

这位退休教师当年曾与刘让贤一起到山里动员家长送孩子上学，据他回忆："那时刘让贤每天下午一放学，凉馍馍就咸茶水把肚子一填，揣着手电便踏上山路。"他翻山越岭踏遍九个村庄，访遍所有农户，详细登记了每个学龄儿童的出生年月日、属相和家庭经济状况。苦口婆心，说服动员。那真是一项浩大的工程。刘让贤充分展示了他的耐力和热忱。

这位退休教师在谈到让贤动员一位女娃子上学时颇为动容，他说："头一趟去动员，家长还算热情，还给倒杯水喝，后来一趟不如一趟，甚至借口有事躲出去，最后干脆把大门反锁上。让贤就耐心地拍门。终于在让贤第11次上门时被感动了：'哪见过这么大苦心的人，娃子送给他放心。'

还有几个孩子因家里穷,付不起杂费,让贤就从微薄的工资中给他们垫上。""让贤每次从村民家出来,都是夜深人静,山梁上只有他那摇摇晃晃的灯光。他还要赶回学校,备课、批作业直到深夜。"不久,什巴小学的入学率由50%升到100%。

记者试着走了一趟刘让贤做家访最近的一段路。那是由学校到寺尔村的路,先是个数百米的大下坡,下到谷底,再是个数百米大上坡,都是六七十度的陡坡儿。用刘让贤的话说:"上坡累死,下坡吓死。"当我们爬上对面的坡上时,累得一屁股坐在地上,大口喘气,大汗淋漓,再也走不动了,还有人大声咳嗽。稍微一平静,往四下一看,陡然后怕,原来小路就在20多米深的崖边,稍有不慎,后果难料。只见刘让贤拖着伤腿跟在我们后面,奋力上爬。

互助县前任教育局局长王廷英在"刘让贤精神座谈会"上说:"刘让贤在什巴小学当校长至少要过三关。一是语言关。他是天津人,必须先学青海方言;什巴小学的学生主要是土族孩子,他至少得听懂土族话。二是生活关,从海滨城市来到青藏高原,从山下的陶家寨到山上的什巴小学,生活条件大不相同。山上缺水缺氧,尤其冬季漫长,天寒地冻,又相当一个阶段无电无炭,无法起灶,让贤必须得挺住。三是在贫困地区如何办学关。他这三关都过了,他是个经得住考验的好同志。"

在采访刘让贤的日子里,我们注意到:刘让贤爱书如命。无论是在陶家寨的家里,还是在山上的学校里,刘让贤都放了很多书。书柜排列整齐,订的几份报纸按年、月、日保存完好。我们一起坐在他那土屋的门槛上聊天,他将刚刚出版的《大山的冬花》签上名,双手送给我们。他看书的那眼神,就像是望着自己亲亲的孩子。

说起书的故事,刘让贤的思绪又回到21年前他刚到什巴小学的日子。

那时,由于山沟闭塞,山里的孩子见识少,理解和接受能力差,课堂上常常是他讲得口干舌燥,学生们还是听不懂。第一次作文收上来,全班20多名学生没有一个人写满5行,而且语句不通,言之无物,甚至笑话百出。

"要让孩子们读更多的书!"刘让贤暗暗发誓。

什巴小学太穷了。学校没有一本可供孩子们阅读的课外书。刘让贤没有别的办法,每次到县城开会,他都不顾人们诧异的目光,把别人丢在会议室或街头上的烟盒糖纸捡起来,细心捋平带回山上。有一回,在县委收发室里看见半本没人要的《人民画报》,他赶紧抢上几步捡了起来。他的孩子刘忠、刘洪和琳琳省吃俭用买的几本"小人书"也被他拿到了山上。这些都是什巴小学的课外读物。

刘让贤告诉孩子们,"人生聪明读书始"。为了给孩子们买书,他从每月56元的工资中,几个月硬是抠出150元钱,给学校买来了一些图书和简单的文体器材,创办了少先队活动室,山里的孩子终于有了课外读书和活动的地方。

刘让贤清楚,要让孩子们读到更多的书,他那点儿工资根本不够。怎么办?

靠山吃山。什巴小学所在地寺尔村的山坡背阴处生长着一种菊科植物叫冬花,花蕾每到初冬时开放,可以入药,有润肺化痰之功效,药材公司敞开收购。刘让贤就带领师生们去挖冬花。

青海省平均海拔在3000米以上,冬季气温很低,什巴小学在山上,天气就更冷了。"土乡娃娃们家里穷,寒冬腊月还穿不上棉袄,夏天的衣服一层一层套上就是冬天的棉衣。脚上穿的是球鞋,还露着脚趾头。上山时冻得牙齿打战,浑身哆嗦。"说起孩子们受的罪,刘让贤鼻子总是酸酸的。

每到冬天,刘让贤便带领师生们跑遍生长冬花的寒山深沟,刨开冻土,挖出冬花,再到刺骨的山泉中冲洗干净。玉米粒大的花蕾五斤才能晒出一斤干的,每斤只能卖两元钱。"铁铲、冻土磨破了孩子的手掌,山风咬得娃娃们手背上全是口子,孩子们手都不敢攥,一攥,手上的口子就绽开了,就流血。"刘让贤说他一看见就非常心酸。"但是有啥办法哩,山里头唯一可以换钱的就是那点冬花。"

休息的时候,他就把自己的棉衣解开,把娃娃们往怀里一裹,让孩子们暖和一会儿。他自己忍不住眼圈发红。孩子们说:"老师,你别难受了,我们都不怕冷。其实,我们最喜欢冬天了。冬天来了,才能挖冬花嘛。挖了冬花就有钱买书了。"刘让贤眼泪怎么也止不住了。

用挖冬花卖得的钱,刘让贤给每个班订了几份少儿报刊,每天下午指导学生阅读一小时,仿写一段话。"一斤冬花一份报,人人和书报交朋友",这是刘让贤向全体学生提出的口号。

什巴小学的读书读报活动,从那时起坚持至今,从未间断。孩子们从书报中了解了山外的世界,学到了知识,增长了见识,开阔了视野,学习成绩特别是写作水平提高很快。过去连句子也写不通顺的土族少年,有13人被5个省、市的少儿报刊聘为特约小记者;25人的32篇习作上了《中国少年报》等少儿报刊;35人的41篇作文在全国和省、地、县小学生作文竞赛中获奖。从1981年起什巴小学的教学质量在东山乡一直名列前茅,"四率"均达到100%。

什巴小学少先队大队辅导员席杏英老师把我们领进了荣誉室。在什巴小学荣誉室里,我们看到除了红艳艳的锦旗,金灿灿的奖杯,还珍藏了300多件来自全国各地的珍贵礼物:海南的贝雕、陕西的兵马俑、湖北的书签、新疆的画册、西藏的哈达、老山的泥土……还有1994年5月31日总书记、总理签名的"手拉手友情卡"。

"叔叔,这是我们学校最珍贵的礼物。"

"是江泽民爷爷、李鹏爷爷在中南海亲笔签名的。"

"是我们的席元科大哥哥、席生莲大姐姐到北京参加'手拉手进北京'得的。"几个穿彩虹花袖衫的"红领巾"争先恐后地给我们介绍。

"山里的娃娃们做梦都想不到会去北京,更想不到会进中南海。现在,我们学校有6名学生4次代表省少先队员到北京领奖,还受到江泽民、李鹏等中央领导的接见哩!"说起孩子们的进步和成就,刘让贤感到由衷的骄傲。

为了打破大山的封闭,刘让贤总是在捕捉山外的信息,寻找最佳的教育契机。90年代，当全国城乡小学生开始"手拉手"时，刘让贤早已在什巴小学把这项活动搞了十年。从1983年起，他就组织全校学生开展了"写一封信、寄一份队报、交一个朋友"的"三个一"心连心民族大团结活动。活动搞得红红火火。

这一年9月，刘让贤用学生勤工俭学的收入和自己的一部分工资，创办了青海省第一份少先队油印队报《土族红领巾》。14年来，400多期7万多份队报像一只只信鸽，飞向全国21个省市的150多所学校，什巴小学和全国40多所学校结成了友好对子，每一个学生都交上了刘让贤为他们联系的各地小朋友。

翻看什巴小学"手拉手"活动的材料和学生们的通信，我们感到"手拉手"是双向活动，城乡学生双方都受益。"手拉手"，帮助什巴小学的贫困学生渡过了难关；"手拉手"，把土族少年的心带到了山外的世界；"手拉手"，也把山外青少年的心带到了遥远的青海高原，山上孩子们的吃苦耐劳、朴实无华，给了他们许多启示。

湖南省常德市一职中28班的邓自福在给什巴小学的信中说："我们都生活在社会主义大家庭里，各族小朋友都是一家人。长大了，学好知识，我们还想到大西北去参加建设呢……"

南京师范大学体育系的大学生们近十年来也一直关心着什巴小学的土族小弟弟、小妹妹，不仅寄钱寄物，帮助贫困学生，他们中还有15人受聘担任了什巴小学的校外辅导员，从各方面关心孩子们的成长。青海头，长江尾，架起了一道飞跨万里的爱心彩虹。

翻看那400多期沉甸甸的《土族红领巾》，禁不住心潮起伏："青海之最""中国世界之最""抗日名将录""不忘历史、爱我中华、爱我家乡""迎九七，话回归""爱国爱港知识竞赛"……抗战胜利50周年，他们组织了抗日英雄故事会；为缅怀小平同志，他们举办了小平同志生平图片展；为迎接香港回归，他们在村里竖起了倒计时牌……

人们惊叹，人们感慨，这大山深沟，与外面的世界是那么遥远，却又连接着大江南北、长城内外，与时代的脉搏息息相关，紧密相连！祖国发生的每一件大事，都会在土乡山寨小学生心中溅起朵朵浪花。

国家教委副主任柳斌收到《土族红领巾》后来信称赞道："看了凝聚着你们辛勤汗水的报纸，读了倾注着刘老师心血的篇篇文章，我非常高兴，就像听到了你们琅琅的读书声，看到了你们可爱的笑脸，更感触到了你们热爱家乡，热爱青海的赤诚之心！"

自从开展城乡学校"手拉手"活动以来，不时有大山外面的学校给什巴小学捐赠一些衣物和学习用具。看到孩子们领到一些东西时喜不自禁的样子，刘让贤感到的并不完全是欣慰。他担心孩子们因囿于贫困而习惯于别人的关心，他更担心孩子们因为贫困而忽略了对他人的关心，忽略了对社会、对国家的责任。培养孩子具有健康的人格比什么都重要。这是一名合格教师的责任。

在"读一本好书、交一个朋友、做一件好事"的活动中，刘让贤引导孩子们读《雷锋的故事》和《雷锋日记》，给"雷锋班"叔叔写信，看雷锋事迹展览，学习雷锋品德。什巴小学"雷锋小组""红花小组"的少先队员，多年来坚持为五保户席忠林阿爹担水拾柴、洗衣扫院。每年老人生日时，刘让贤就领着队员们为老人布置房间，做可口饭菜，表演祝寿节目。村里人说："刘老师教育的孩子'赛那'（土语'很好'）！"

1985年，当刘让贤得知《儿童时代》等8家少儿报刊号召为全国盲童捐款的消息后，立即意识到这是一个很好的教育契机。

在刘让贤看来，一个人对祖国、对民族责任感和使命感的树立，正是从为他人送一份关心、献一份爱心开始的。刘让贤号召同学们"不要父母一分钱"，"拣一斤废铁，拾一斤骨头，回收一只酒瓶"，把卖得的15元钱寄给了《中国盲童文学》杂志社，并通过队报《土族红领巾》发出倡议："用千百颗水晶般的同情心，增强盲童与命运拼搏的勇气。"

《中国盲童文学》主编、著名盲人作家徐白仑听说后，不等收到汇款就给土族少年写信："我十分感动，你们的生活环境那么艰苦，还要千方百计为失明的小伙伴捐款,我们十分珍惜这份赤诚的奉献,谢谢你们,也谢谢培育你们的好老师。"

北京阜外二小的少先队员在致什巴小学少先队员的信中说:"你们生活那么艰苦,还捐款给盲童,你们有金子般的心。我们要向你们学习,大学毕业后去青海工作,和你们一起建设土族山乡。"

孩子们读着来信,体会到了奉献的喜悦。刘让贤趁热打铁,将这一项活动拓展为"付一分劳动,做一件好事,献一份爱心"。十几年来,这项活动一直坚持下来。孩子们种植试验田,植树造林,回收废品,采集种子,用一分一毛凑起的钱,慰问五保户,资助贫困同学上学读书,为全县贫困山乡的22所小学订少儿报刊,向四川、安徽、陕西等灾区捐款,为抢救大熊猫、修缮长城、北京承办亚运会捐钱……80年代以来,我国历次大的赈灾和捐助活动,都有青海高原上什巴小学的名字,都有土族少年献上的一片爱心。

20多年来,刘让贤深深植根在土乡的厚土上,紧紧追随时代的脚步,组织学生开展了150多项创造性的班队活动,其中有30多项在全国少先队活动比赛中获奖,7次夺得金杯,成为全国唯一的"创造杯""七连冠"学校。

在一次次活动中,刘让贤教育孩子们懂得:"国家兴亡,匹夫有责""爱国之心,不以贫富见深浅"。在刘让贤的引导下,土族少年真正做到了和祖国同呼吸、共命运。

年复一年的创造性教书育人实践,也使刘让贤积累了丰富的实践经验,他不断地思索、总结、升华,写出了30多篇论文,先后在省内外报刊上发表,两部著作《创造性班队活动50例》和《大山的冬花》已经出版发行,成为青海省小学班队活动的范例。

土乡少年在刘让贤为他们开辟的大课堂里,陶冶情操,增长才干,锻炼成长,成为土乡传播文明的火种。土乡山村因为什巴小学的存在,更多地接受了现代文明的春风,加快了迈向文明的步伐。刘让贤感到无限欣慰,他从中也看到自己扎根土乡的意义。

这次采访,我们跟着刘让贤,山沟沟也转了,馍馍就茶水、洋芋蘸盐也吃了,村民的炕头也坐了。我们先后接触了 70 多名熟悉他的人。采访过程中,我们始终被一种崇高的境界、不凡的精神感动着。土乡的干部群众和学校师生们满怀深情地给我们诉说着刘让贤的一件又一件感人的事迹,让我们往往抑制不住自己的泪水。他心里总是装着学生,装着别人,唯独没有他自己。在他身上不仅淋漓尽致地体现了中华民族的传统美德,而且集中展示了一个共产党人的崇高风范,集中展示了一个人民教师的伟大风采。

与刘让贤生活在一起的人们说:"刘让贤了不起,他总是把教育事业和人们的情谊看得很重很重,把金钱名利看得很淡很淡。谁帮过他一把,他都会念念不忘,加倍地报答。其实,他并不富裕,苦得很哩。"

他们还说:"刘让贤能做到的一些事情,大家都能做到;但是,很多人却没有做到。做一两件好事谁都做得了,但是没有谁像刘让贤那样坚持几十年如一日去做。"

"刘让贤是优秀共产党员的代表,是千百万人民教师当中杰出的代表。"

刘让贤没有豪言壮语。刘让贤说:"这儿是我的村庄,这儿有我的亲人,我不做点事儿谁去做?"

我们面对的,就是这样一个克勤克俭而又慷慨无私的奉献者。

雨后,天高气清。一道美丽的彩虹弯弯地悬在什巴小学校园上空。孩子们又唱起了赞美自己家乡的歌,希望家乡更加富裕,生活更加美好:

在清澈见底的浩门河畔,
在高耸入云的赤列山下,
牛羊漫山遍野,
布谷鸟儿鸣叫。

这是我们祖先开拓的地方,

这是我们土族人可爱的家乡。

在六道山的上面,

在七条川的中间,

粮食堆成山,

青稞流满川。

这是我们祖先居住的地方,

这是我们土族人可爱的家乡。

纯净的歌声染绿了青海高原……

《中国教育报》1997年9月4日、5日

07 焦裕禄式的教育局长——胡昭程

本报记者·胡宏文 李让恒

编者按

他被誉为"焦裕禄式的教育局长"。他为党的教育事业奉献了毕生的精力。他身患重病,仍坚持工作,生命不息,战斗不止。他用自己光辉的人生回答了一个人尤其是共产党员"活着为什么,当官为什么,死后留什么"。奉献、求实、创新、拼搏,构成了他的人格和精神体系。他是湖南省桂东县教育局局长胡昭程。

通往湖南桂东的盘山公路上,一辆救护车在蒙蒙的夜色中缓缓地移动着。车内躺着52岁的桂东县教育局局长胡昭程。一个多月前,他还奔波于桂东的山山岭岭,现在却瘦得只剩下骨头架子,连说一句话的力气都没有。

在长沙,湘雅医院已经尽了最大努力,但诊断结果——肝癌晚期是那样无情。2000年12月15日,救护车载着他对家乡的满腔眷恋,跋涉14个小时,终于到达湖南省最南边的一个县——桂东。

胡昭程回县,家属和同事们都没有张扬,甚至尽量保密。但是,关注胡昭程的人毕竟太多了,一批又一批的人赶到县医院来看望他。更多的人在忧心忡忡地谈论这位"大好人"、"大功臣"、"为桂东教育鞠躬尽瘁"的胡局长……胡昭程是一个什么样的人?为什么他能牵动那么多普通群众的心?

郴州市教委党组书记王发堂不假思索地说:"他是我们教育系统的焦裕禄。"

最大心愿就是甩掉桂东的穷帽子

桂东地处湘粤赣边，是国务院认定的多灾贫困县，1999年人均收入只有903元。

郴州流传一句俗语："想不通，去桂东。"哪位干部要是闹情绪，只要到桂东工作一年半载，体验一下桂东人的艰苦，就会觉得自己原来的处境相当不错，心里也就平衡了。

土生土长的胡昭程，在桂东一干30多年。当县教育局局长，主持全县教育工作也已达10年之久。

桂东的穷，根子在教育。而教育落后的首要原因是基础设施条件差，学校布局过于分散。

于是胡昭程提出，调整学校布局，将全县203所学校调整为107所。

"盘子"定了，胡昭程的两条腿却从此不再轻松，因为这107所学校要全部按一流标准建设。首先定点必须合理，就像当年焦裕禄考察兰考的沙丘一样，胡昭程开始成天在桂东翻山越岭，山里山外转来转去。胡昭程随身还带着三件"宝"：图纸、卷尺、指南针。

要在荒凉的石头山上诞生设计图纸，再把图纸变成现实，胡昭程要跑多少路，流多少汗，求多少人，挨多少饿，掉多少肉，根本没办法算得清。那次到黄洞考察，胡昭程一天走了40公里山路。他不愿麻烦别人做饭，就在一家小店里买了一包饼干，吃几块饼干又俯在山溪里喝一口水，终于熬过一天。这样的日子一多，渐渐磨出了胃病。1993年3月，他患胃病住院，仍然在病房里主持召开局长办公会，研究布局调整。床头挂着三瓶药水，胡昭程一边打吊针，一边布置工作。整个房间静极了，只有胡昭程艰难的说话声。他讲着讲着，豆大的汗珠渗满了瘦骨突兀的额头。突然，他忍不住猛一张口，一大口鲜血喷在被子上……

最近，人们打开胡昭程的办公桌，里面放着他33本工作笔记。这33

本笔记是他1994年以来用过的，平均每年约5本，上面密密麻麻记载着他的辛勤劳作。全县已经整体搬迁的63所学校，每所学校如何选址、设计，如何筹措资金，如何放线施工，如何监督质量，他都留下了记录。县一中的搬迁重建，是调整布局中最大的动作，从1996年4月4日确定重建方案到当年7月11日正式放线奠基的3个月中，他参加方方面面协调会23次，终于使城关镇政府、城关镇财政所、城关预制板场、城关中学、电大工作站、东风2队等6个单位顺利搬迁，征地80余亩，并筹措了启动资金400多万元，使这一工程顺利施工。

但是人们还清楚地记得，胡昭程为一中搬迁劳累过度，曾晕倒在现场。这类情节在笔记中当然只字未提。

现在，桂东的学校面貌发生了奇迹般的变化。布局调整后新建的63所学校，每所校园都是规规整整，刷白刷白的楼房被周围黑矮黑矮的土砖民房衬托成一道道景观，更有那电脑室、语音室、图书室、仪器室、实验室等给这闭塞的山区带来了现代化的气息。

1998年暑期，胡昭程在全县教育行政干部学习班上说："我最大的心愿，就是办好教育，甩掉桂东的贫困帽子。"

要让群众真心支持教育，首先要使大家信得过教育局长

为什么桂东会有这个局面？我们从胡昭程的一些琐碎"小事"中，或许可以悟出一点答案。县一中实验室主任郭立中讲了这样一件事：

1997年7月，桂东新建一中要花几十万元购瓷砖。胡昭程说，几十万元不是小数，切莫上当受骗。说过之后，他还是放心不下，便亲自带队到广东佛山选购。清早8点，他们一行三人到了一家大公司，看好了样品，谈好价格以后就要装货了，胡昭程却说："装货可以，我要一箱箱进行质检后再装。"老板以为胡昭程只是说说而已，便回答说："随你怎么验，我的货箱箱都过得硬。"胡昭程呢，也真的一箱箱拆开检查。

这天一共要装 3 车，共 500 万片瓷砖。一箱一箱开了看，看了又装，两个小时过去了，半车还没装好。老板发脾气了："不卖了，不卖了，我做了十几年生意，还从没见过这样验货的。"

胡昭程一边不紧不慢地和同去的两位同志一起继续一箱箱开拆，一边回答说："你刚才不是答应过随我怎么验吗？"老板没办法，只好随胡昭程的便。直到中午 12 点，才装完一车。同去的两位同志也有些不好意思了，说："胡局长，这要搞到什么时候？下午改为抽查算了吧！"胡昭程说："出了钱要看货，我们又没输什么理，不一箱箱地验，我怕保证不了质量。"

这天，他们连续干了 12 个小时，直到晚上 8 点才装完车。他们也确实查出了次品。有些瓷砖虽然可用，但并未达到样品的标准，胡昭程向老板提出来，老板说："好好好，少收 5000 块钱。"胡昭程喜不自禁，忙这一天值得，既节约了 5000 块钱，又保证了 500 万片瓷砖的质量。

现在搞建筑，开支中都有"管理费"这个名目。什么叫"管理费"？当然有确确实实管理方面的开支，但是一些吃的、喝的、不好说的开支往往也在"管理费"的名目下"处理"了。于是"管理费"占工程总造价 10% 已属"正常现象"，甚至高达 20%、30% 的也不奇怪。但桂东一中从整个校园"三通一平"，到 1 万多平方米的主楼以及其他配套工程，总造价 1000 多万元，而管理费只占总造价的 0.6%，上级审计部门审计后，认为这是一个奇迹。

这类奇迹当然不是胡昭程一个人所能创造的，但胡昭程要起带头作用。他认为，教育局长是全县教育形象的活广告。群众信得过教育局长，也就信得过整个教育局；信得过教育局，就必然理解支持教育事业。

根据教育局的规定，全县无论哪个乡镇建校，都有一个账务公布，上面拨了多少钱，群众集资多少钱，怎么用的，谁经手的，一项一项，清清楚楚，谁有疑问都可以提。

胡昭程当局长，坐车当然不成问题。但他不到万不得已，不用公车来办私事。有几次因私事用车，他都按规定交了费，至今财会室还存着他的交款单。

胡昭程并不是一个很死板的人，也很注意礼貌待客。但他清楚，要靠"物质刺激"来"攻关"，贫困的桂东是没有"竞争力"的。金钱买不到的赤诚之心才是胡昭程的优势。

我国香港的"苗圃行动"原来并未将桂东县列为援助对象。1994年6月29日，胡昭程了解到这个信息后，就下决心争取这个项目。当有一次"苗圃行动"的蔡先生、陈小姐到另一个县实施行动项目时，胡昭程专程去介绍了桂东县的情况。胡昭程讲情况清清楚楚，尤其对一些贫困村了如指掌，忧民之心让人触手可及。"我们是冲着贫困的老百姓来的，不是冲着吃吃喝喝来的，把钱交给那些成天吃吃喝喝的人，我们还不放心。"蔡先生、陈小姐后来说，"第一次交谈后就让我们信任、让我们决心实施援助的就是湖南省桂东县的胡昭程，实践证明，桂东县项目实施是很成功的。"

面对全县一两千教师，掏不出多少钱，但可以掏出一颗心

1997年农历腊月二十九，下着鹅毛大雪。

所有的人，都在冒雪往家里赶，因为明天就是大年三十，谁不想团团圆圆吃顿年饭啊？胡昭程却坐着汽车颠颠簸簸朝大山奔去。他要去的地方叫彩洞，在青山乡，离县城90公里，是全县最偏远也是地势最高的一个村。彩洞村小学只有一位教师，叫郭大荣。一家人在山上过年，怪冷清的，我能看他一面，和他拉几句家常，也许他的感觉会好些，胡昭程想。

当汽车在弯弯曲曲的山道上走了80公里后，前面路基塌方。中途被他邀上车的青山乡学区主任钟治民一看："哎呀胡局长，车过不去了，走路还有10公里，去还是不去？"

"去，又不是头一回走路！"他和钟治民下车，迈开双脚就登山。

郭大荣见到胡局长，先是一惊，接着紧紧抓住胡昭程的手："胡局长，你怎么来啦！"

"年货够了吧?"胡昭程亲热地询问。

"够了够了。"郭大荣极不自然地回答。

郭大荣这句"假"话,当然瞒不过胡昭程。郭大荣经济相当困难,胡昭程心中有数。房里几件破破烂烂的家具,年货就是几块猪肉,其他如糖果、饼干、瓜子之类的过年必备食品都还没买,这些胡昭程也看在眼里。但他也不说破,而是就着郭大荣的话头说:"够了就好!够了就好!"他边说边掏自己的钱包:"我这里一点心意……一百……一百四,给小孩买点过年礼物,也祝你全家四季如意!"

"四季如意"是临时"抓"来的,因为他身上仅有这 140 元钱了。

"郭老师经济困难,你们研究困难补助费时,不要忘记了他!"胡昭程向钟治民低声嘱咐。"记得记得。"

"你这里有 4 名学生不想读书了?"胡昭程又询问郭大荣。

"是啊,胡局长怎么知道?"就连一旁的钟治民也惊叹胡昭程如此深入。

"防止学生辍学是一件大事啊,我当局长的岂能不管?我今天来,也要协助你做做劝学工作啊!"胡昭程既在调侃,又很真诚。

胡昭程常对老师说:"论岗位我是局长,论感情我们是兄弟。"他这不是讲客套话。2000 年 9 月的一个下午,胡昭程在全溪乡检查工作。从来不愿麻烦别人的他,却突然来到全溪小学,说要留下来吃晚饭。

老师们喜出望外,把能够拿得出来的菜都端上桌。

"胡局长,吃得好吗?"

"我吃起来好,你们吃起来就不好。"

老师们疑惑不解,胡昭程则解释说:"你看,满桌子全是干菜、咸菜,我从县城来的,吃这些菜可以换换口味,你们呢,天天吃这些,不行呢!"

原来胡昭程吃饭是假,了解老师们的生活情况是真。通过这餐饭,他不仅了解到老师们难得吃上蔬菜,而且看到他们要一桶一桶从井里打水,电灯也是忽明忽暗——电压不稳。

饭后，他请来村里干部，商量安排一块菜地给教师种菜，并装上抽水机和水管，让老师们吃上自来水。"我也是当老师的，我知道当老师很辛苦。但是我们县里还很穷，老百姓的日子过得很艰难。面对一两千老师，我实在拿不出多少钱来改善大家的福利待遇。但我的心，大家是知道的。"胡昭程经常向老师们解释。

"有的人一掌权，全家享福；胡局长是一人当官，全家从严"

张彩云从1978年与胡昭程结婚后，便到城关小学任教。胡昭程走上领导岗位后，"盯"得最牢的便是妻子，宁肯让她受委屈，也不能给人留下"夫荣妻贵"的印象，弄得张彩云一天到晚如履薄冰。连城关小学的副校长钟晓华也说："张老师跟着当局长的丈夫，福没多享，苦没少吃。"

他和彩云最大的心病，是有一个智力有障碍的儿子，吃喝拉撒全要照顾。他父母都已80多岁。张彩云本来就有病，既要坚持上班，又要督促女儿的学习，还要照顾智力有障碍的儿子，料理昭程父母的生活。还有，张彩云和胡昭程结婚以来，经济上一直很拮据。1998年县教育局集资建房，每户要交3万多元，胡昭程只拿得出3000元，只好由教育局一位同志作保，向银行贷款，至今仍有1万多元贷款没还清。而彩云呢，看到丈夫太累时还要想方设法弄几个好菜，有了困难独自承受也不告诉胡昭程，免得分散他的精力，影响他的工作……

但是就是这样一位妻子，一生中向胡昭程只提过一个要求，胡昭程竟没有答应。这个要求就是调换一下工作岗位。

1987年，张彩云患病住院三个多月。根据她的身体状况，医生建议她改行。胡昭程没有同意。后来胡昭程当了局长，张彩云更加劳累，旧病复发，住进医院。医生再次告诫张彩云换个岗位。

这次张彩云动心了："昭程，给我换个工作吧，我太累，换个轻松点的岗位，也好照顾家里，更好地支持你的工作。"

"彩云，不是我不体贴你。我当局长，很多双眼睛都看着你。知情的了解你的困难，不知情的以为我在以权谋私。"不过，这次胡昭程拿出了一些照顾张彩云的实际行动：将自己的父母送回家乡寒口，请个保姆照顾，以此减轻彩云的负担。

"有的人一掌权，全家享福；胡局长是一人当官，全家从严。"桂东很多教师都这么说。

"昭程，你为教育付出生命，我为你付出感情，无怨无悔"

过去胡昭程虽然瘦削，但精力相当充沛。2000年下半年，人们发现他常常疲惫，食欲也不好。有人劝他到医院检查一下，他只当是工作劳累没有在意。

后来，他感到肝部疼痛，觉得不对劲，终于动了去医院检查一下的念头。今年9月27日，他在长沙湘雅医院做了检查。

结论出来了：肝癌晚期，弥漫型。

他的眼睛湿润了。他清楚地知道，这个结论意味着什么。他首先想到了妻子张彩云。这时他才意识到，自己是多么需要妻子在身边。原来只顾工作，很少想家。现在走到生命的尽头，忽然感到夫妻相守的时光是那样宝贵。

但是他又不能告诉彩云。这个结论太残酷了，早一天知道就早一天痛苦。他以前欠妻子太多太多，现在唯一能够做到的就是延缓她的精神痛苦。

9月29日，他住进了医院。但是他的工作神经并没有松弛。10月5日至10日，他带着桂东县教育工作情况、县定点初中建设情况以及布点建设情况等方面的报告，先后找省教育厅领导以及有关五个处室汇报工作，争取支持。这时谁能想到，在他坦然的表情后面隐藏着即将离别人生的痛苦。

此时他还忘不了一件事：郴州市第六届中小学生运动会将在桂东召开。

住院费太贵了。10月15日他执意办理了出院手续，说回家治疗。他没有回家，而是躲在郴州妻姐家疗养。为了不惊动亲朋好友，他要求教育局机关严格保密。11月2日，郴州市第六届中小学生运动会团体操彩排在桂东一中田径场举行，胡昭程竟出现在观摩的人群中间，裹着一条厚厚的围巾，打着伞，静静地观望着……

不知情的人绝不会想到，这是他最后一个现场工作镜头。11月5日，他再次住进长沙湘雅医院，再也没能回到工作岗位，没能回到师生中间。

当胡昭程再一次大吐血，进入昏迷状态，极度危险时，组织上和医院将胡昭程的病情告诉了张彩云，张彩云当即昏了过去。当她醒来时，她立即找组织和医院，要求尽一切办法抢救。他们没有值钱的家产，只有那套贷款集资得来的房子。张彩云哭着说："我的房子不要了，卖掉它，要救昭程。"

但当她出现在胡昭程的病床前时，又得强装笑容。她以为胡昭程不知实情，总是安慰他："医生刚才又说，胃病没有生命危险，你切莫胡思乱想。"

胡昭程点点头：是的是的。两行泪珠慢慢地滑向枕边……

他渴望生命，他才52岁。他还没来得及考虑退休以后如何过几年清闲日子，他还有很多工作没有做完。他还有一个智力有障碍的儿子，交给彩云一个人怎么办？

领导来了，朋友来了，同志们来了。省长助理许云昭两次到医院看望他。省教育厅厅长蒋作斌、副厅长申纪云来到床前问寒问暖。教育部副部长周远清曾亲自出面帮他联系湘雅医院治疗，现在又几次打来电话问候。各方面的人陆陆续续来看望他。开始他还能强打精神说一两句话，后来他只能静静地躺着，用一双眼神来表示对同志们的感谢，对生命的渴求。

每个人都盼望奇迹，但奇迹始终未能出现。12月15日，一辆救护车缓缓地将他送回桂东，每个人都清楚，这意味着什么样的结局。12月16日，"素质教育三湘行"采访团15位记者在桂东采访，胡昭程的事迹撞击着他们感情的闸门。他们专程到桂东医院看望昭程,他们想听听彩云的倾诉。

此时的张彩云,只知道擦着那红肿的双眼,不停地抽泣,说不出一句完整的话。

"张老师,你现在最想说的一句话是什么,你能写下来吗?"有记者提了这样一个要求。

张彩云接过笔,含着眼泪,颤抖地在记者采访本上写道:"昭程,你为教育付出生命,我为你付出感情,无怨无悔。"

她再也忍不住了,两手往脸上一蒙,痛哭失声。

12月20日,胡昭程精神有所好转,能够开口说话了。这一天,他像往常布置工作一样,安排了三次交谈。一次是和张彩云单独交谈了20分钟,鼓励她克服困难,好好生活。一次是和县里几位负责同志交谈。他平静地说:谢谢同志们关心,但我知道,人终有一死。我不后悔。我最大的遗憾是好多事情没有做完。再一次,也是时间最久、最慎重的一次交谈,是对所有亲属的。他吩咐,能来的亲戚都通知一下,他想见一面。他说:你们不要为我难过,也不要认为我这一生不值。人终有一死,我不后悔。我唯一的后悔是有很多事情还没来得及做。早知道我的人生这么短暂,我就要拼命干工作。你们如果真的理解我,真的对我好,就记住我的话,天天走正路,好好做工作……

2000年12月21日上午10时20分,胡昭程的心脏停止了跳动。"一腔热血倾教育,两袖清风为人民。"一副对联和无数鲜花与他相伴。唁电、唁函从四面八方飞向偏僻的桂东县城,一批一批的人群涌来,送别胡昭程——焦裕禄式的教育局长,桂东人民的优秀儿子。

胡昭程走了,"捧着一颗心来,不带半根草去"。

胡昭程没走,他的忠魂还俯瞰着桂东的山山岭岭。

《中国教育报》2000年12月29日

08 折得东风第一枝
——记特级教师、北京二十二中教师孙维刚

本报记者·张玉文

编者按

他这样教数学:"八方联系,浑然一体;漫江碧透,鱼翔浅底。"

他这样谈育人:"这是一个多元的时代,做人没有唯一的标准,但我认为还是有最高标准,比如正派、诚实、无私。"

从 1962 年任教于北京二十二中开始,整整 40 年,他创造了许多教育上的奇迹。自 1980 年开始,他进行了从初一到高三的三轮半六年一循环教学教育改革实验,经过 20 年的长期探索、反复实验和比较研究,取得了大面积、全方位、高质量的育人实践成果和理论成果。他先后出版了《孙维刚谈立志成才》《我的三轮教育教学实验》《孙维刚初中数学》《孙维刚高中数学》等专著。

2002 年 1 月 24 日,北京八宝山革命公墓,数千人在寒风中排起了长队,为这位普普通通的人民教师护送最后一程。

2001 年教师节前夕,当北京二十二中党支部书记高旭庄重地向孙维刚老师宣布他已经被批准加入中国共产党时,孙老师的脸上露出了笑容。

曾记得,去年 9 月 9 日,全国优秀教师师德报告团首场报告在人民大会堂举行。台上,孙维刚用他那播音员似的嗓音讲述着自己教书育人的故事;台下,不少人掏出了手帕,擦拭着已经朦胧的泪眼,人们被他平凡而又崇高的精神深深打动了……

做教师，孙维刚做得轰轰烈烈、壮丽辉煌

很多年前，青岛二中有个叫孙维刚的学生。他刚上初一，最喜欢到海边去玩，也最喜欢看打仗的小说。暑假里，他从学校图书馆借来一本苏联小说《普通一兵》。起初，他并不喜欢这本书，因为里面的战斗场面并不像想的那样多。然而，这一年的暑假，青岛阴雨连绵，他只得在家里把《普通一兵》看了好几遍，没想到这本书成了对他一生影响最大的一本书。等到上初二时，他就像变了一个人似的，学习成绩上去了，直到高中都是考第一。他锻炼身体，争强好胜，不少项目都能拿第一。青岛二中是一所教学质量很好的学校，孙维刚的理想是考上北大物理系，研究导弹。以他的资质和优异的成绩应该如愿以偿。然而造化弄人，他得了肺结核，在家休学、养病。待痊愈高考时，成绩虽好，又因家庭出身问题，只能上北京师专。在师专学习时，孙维刚每天5点就起床。别的同学还在睡觉，他已在楼顶上念外语了。勤奋与好学，为他今后的成功打下了坚实的基础。命运之神未能满足青年孙维刚的心愿，却为未来的教师队伍输送了一位优秀人才。

1962年，孙维刚被分配到北京二十二中，任数学教师。从此，他用超出常人的精力和全部心血在这块园地里精心耕耘，让一棵棵小苗成长成参天大树。

同样是做教师，可孙维刚却做得轰轰烈烈、壮丽辉煌。

1997年，北京二十二中高三（1）班的学生在高考中100%上了录取线，38人达重点校标准，有22人考入清华、北大。这在北京市中学教学班中绝无仅有。而这个班的班主任就是孙维刚。更令人惊奇的是，全班40名学生全部来自工薪阶层家庭，入初中时，26人达不到区重点中学录取线，还有14人是就近入学的"大拨轰"学生。一时间，孙维刚成了教育口议论的中心，也成了家长和学生瞩目的中心。

其实，孙维刚的成就远不止如此。他曾用17年连续带过三轮实验班，都是从初一带到高三，有时还同时兼带初一和高三。1980年接手的第一轮实验班，除1人外，高考全部上了录取分数线。第二轮实验班，41名学生中有15人考入北大、清华，那一年，东城区达到600分以上的考生，有一半来自这个班。

孙维刚太"神"了。"点石成金""出神入化"，这样的词用在他身上并不过分。可他自己是怎么说的呢？"根本的办法在于提高学生的智力素质，让不聪明的学生变聪明，让聪明的学生更聪明。"就这么简单吗？不，这只是他实验的目的之一，真正的答案还是让我们从他实验的过程中去寻求吧！

孙维刚在《我的三轮教育教学实验》这本书里说：应当承认，学生的天生的聪明程度是有差别的。有的老师曾用这样的办法——找来重点中学的练习与作业连夜复印，第二天布置给学生。重点中学讲什么、怎么讲，照搬过来，这套办法当然行不通。因为你的学生不可能很好地完成作业，这么做永远赶不上重点中学的学生。

那孙维刚怎么教数学？"八方联系，浑然一体；漫江碧透，鱼翔浅底。"这是在用文学语言进行概括，局外人能否弄懂，无从得知，反正孙维刚和他的学生都懂。

孙维刚的教学方法被称为"结构教学法"，讲究新知识和旧知识的比较与联系。他并不担心学生的脑子够不够使，因为教师的任务就是造就学生发达的脑子。比如在教三角形内角和定理的证明时，课本上只是延长三角形底边并作出一边的平行线，引导学生作出证明。而孙维刚则把问题交给学生，上来就让学生猜想三角形内角和是多少，再让学生提出自己的证明。几种证法出来后，孙维刚再问："那么多边形内角和是多少？"学生答："$(n-2)180°$。""怎么证？"学生们踊跃举手，把几种证法写在黑板上，然后，由孙维刚作总结——这就是数学归纳法的思想。数学归纳法是高二才接触的内容，在初一教学中就涉及了，学生接受得了吗？当然，孙维刚并不指望学生能一下子就理解和掌握数学归纳法，而只是抓住时机对教材结构进行调整，有关知识先"闪现"一下，以后还会"再现"，以激发学生的求知欲望，培养他们的探索精神。

在某中学，一个初一学生问数学老师："老师，您在课上讲，有理数是整数和分数的总称，'有理'是有道理的意思，我不明白，整数和分数这两种数有什么道理呢？"老师回答："这是数学上的规定，没有为什么。"

这一问一答，被孙维刚得知后，他为那个学生强烈的求知欲望而欣喜，同时也为那位老师轻率的回答而遗憾，甚至感到残酷。几经如此这般，学生求知的火花将逐渐熄灭，凡事不求甚解，只知记忆。孙维刚说："科学上的任何规定都有'为什么'，数学尤其如此，一个数学符号为什么这么写都有它的理由。世界上没有'没有为什么'的事。"

他是怎么回答这个问题的呢？为什么把整数和分数的总称叫作有理数，这是翻译上的一个差错。"rational number"，日本人把它译为"有理数"，我们又从日文中把它移植过来。"rational number"是指可以被精确地表示为两个整数之比的数。分数是整数之比，如 $\frac{4}{7}$ 是 4∶7，整数也一样，3 是 3∶1……所以整数和分数总称为"rational number"。

啊，原来如此，学生们懂了。可孙维刚讲到这儿还不算完，他还要指出"ration"的字头"rate"的意思是"比率""配额"，这也反映出"比的概念"。比如军队里的配额，1 个面包 3 人分，就是分数 $\frac{1}{3}$；而 3 个面包给 1 个人，那就是整数 3。日本人大量翻译英文科学著作是在明治维新期间，那时候他们或许只求速度，在准确性上就差了一点。

解答一个问题，就包含了这么多知识，而孙维刚却说，知识本身并不重要，通过数学教学，让学生追问数学上的为什么，养成科学的思维习惯才是最重要的。看来，他的确高人一筹。孙维刚特别爱讲述蔡冰冰的故事，这是他带的第一轮实验班的学生。当初考初中时，她连区重点都没考上，六年后却成为北京市唯一入选首届中国奥林匹克国家集训队的选手。蔡冰冰说，这得益于孙老师和她的一次谈话。上高中时，这个学生的成绩已经很好了，上课时未免有点儿无所适从。孙老师及时点拨她：知识都是相互联系的，课堂上老师常会重复以前的知识，这时候你应努力找到新旧知识的联系，这样学习数学就变得简单而有趣了。就像华罗庚说的，读书应有个过程——先把书读"厚"，再把书读"薄"，也就是说要善于总结规律。一席话，让蔡冰冰豁然开朗，她终于明白了应该怎样学习。

在几轮实验中，孙维刚都特别重视让学生学会学习、学会思维。比如，专心听讲，专心的标准是什么？精神集中，不走神。孙维刚觉得这样并不理想。只把精神集中到教师讲授的内容上，就会处于被动状态，跟在老师的后面亦步亦趋。他建议学生这样听讲：一个概念提出来了，不妨试着自己先给它下定义；一个定理或公式写出来了，自己先试着去证明它；一个例题写出来了，自己先试着分析、解出它。让思维跑在老师的前面，这样听课，才会体会到思维的乐趣。在他的课上，基本上是先出题，写出公式，然后让学生讨论，上黑板演示，老师在一旁点拨，让学生学会寻找规律。

孙维刚每出一道题，自己要先做上十道题，从中选出最精彩、最典型、最能启发学生思维的，让学生在课堂上讨论，不用预习，不留作业。学生在讨论中感受到学习数学的乐趣，下课自己就会把找题解题当作一种乐趣。这就是孙维刚教学成功的秘诀：永远把学生作为教学的主体，把学生的发展放在第一位。

在多元的时代，做人没有唯一的标准，
但孙维刚认为还是有最高标准，比如正派、诚实、无私

孙维刚是教学高手，可他的目标绝不只是培养几个数学尖子。如果与他的学生交谈，他们会异口同声地告诉你：孙老师首先教我们学做人。

孙维刚说："人们喜欢说，这是一个多元的时代，做人没有唯一的标准，但我认为还是有最高标准，比如正派、诚实、无私。"他希望学生"做一个由于自己的存在，而使别人生活更幸福的人"。也许这些话听起来显得有些空泛，而孙维刚就有本事把这种思想潜移默化地植入学生的心灵。

1997年高考前，班里综合评分在前15名的同学都坚决表示：不参评三好学生，放弃高考加10分。人人皆知，市级三好学生高考可加10分，这对于考生来说有多么重要，何况班里已分配到四个市三好生的名额。而这15名学生宁愿把这个机会让给其他同学。在这种事关个人前途命运的大事面前能够坦然地为他人着想，在孙维刚的班上何止一件?!

国际奥林匹克数学竞赛的金牌得主闫君同学，高二时就被北大提前录取，但他想再参加一次国际奥赛，再夺一块金牌。看到孙老师身体不好，他更想帮孙老师一把。于是，他用了100多个小时为班上同学做数学辅导，自己却在国际奥赛代表队选拔赛中以一分之差落选。面对这样的结局，闫君十分坦然地说："我应该这样做。"

德才兼备，这就是孙维刚的培养目标。

学生徐某忘不了那次特殊的考试。入学前，她因生病，没能参加数学考试。孙老师为她安排了补考。拿过来试卷，徐某愣了："老师，这份试卷我以前做过。"孙老师乐了："你很诚实，我收你做我的学生了。"

学生温世强的父亲至今还保留着家长会上孙老师讲话的一段记录："一如既往，我们要坚持品德第一，学习第二；学分第二，训练发达的脑子第一。"孙老师最看重的是品德，其次才是学识。

他倡导学生读《红岩》《钢铁是怎样炼成的》《普通一兵》，倡导大家唱革命歌曲，从一点一滴去培养学生高尚的情操。他不放过每一个教育机会。劳动、运动会、学校交给的各项任务，在他看来都是培养学生集体主义、奋斗精神的良机。当他的学生，少不了干"苦事儿"，军训就属他们班练得苦，公益劳动也是他们班干得最多、最卖力气，孙老师认真啊！有些事儿在别人看来可能是"小事儿",孙老师绝不会放过。这是一个学生的日记,它真实地记录了孙老师的严格对他心灵的震撼:"三天不上课了,今日回到教室,只见地面纸屑狼藉,积了不少灰尘。孙老师走上讲台,满面春风被紧锁的双眉挡在了门外。'有些人就是在猪圈里也能过活,在垃圾箱里也能上课!'说罢,便弯下腰去,以手拭地。'都给我扫,'孙老师说道,'用手扫!'正如我所料。我以纸代手扫了几下,便去仔细地擦我不很脏的手。可是没料到,孙老师余怒未尽:'都把手举起来,我要看看谁的心灵最干净!'孙老师此举在于让同学们拂去心灵上的尘土。望着同桌沾满灰尘的手,我不敢看自己的手,不敢四顾,更不敢看孙老师。我心灵中的龌龊和鄙陋在我一尘不染的手上暴露无遗。我惭愧地弯下腰,手上也沾满尘土。此后,我便多了面心灵的镜子,使我可以随时检讨内心。"

一次,班上的学生与看自行车的老人发生了争执,孩子们觉得这个老人太不讲理了。孙维刚得知后,还是严厉地批评了同学们。他认为,一个上了岁数的老人能为学校看自行车,并摆放得整整齐齐,是不容易的事,同学即便被错怪,也不应与老人发生争吵,有失班风。原本愤愤的学生们,被孙老师一席话说得心服口服。他从来没有为学生的学习发过火,但常常为他们不认真劳动、不保持教室整洁等"小事儿"发过很大的脾气。一位学生家长清楚地记得,孙老师曾为学生违反校规在操场上踢球而把家长请到学校。当时他已身患癌症,体质相当虚弱。有个别家长私下认为,为这事儿生这样大的气,是不是"小题大做"?而当他们的孩子健康地成长为一名高中生时,他们才深切地体会到孙老师的用心。初中三年的严格要求,使学生们由"被人管"到"不用管",这正是孙老师的高明之处。

在孙维刚的班上,常常会有这样的事:数学讲座后,孙老师给学生们布置了一项特殊的作业——回家后,向爸爸妈妈问一声好。不为事大而惧之,不为事小而轻之,这就是孙维刚做人的原则,他也这样要求着自己的学生。

一位好老师，就是一面旗帜。他在学生身上延续的绝不仅仅是知识，还有理想、意志和做人的准则。当年高三（1）班的班长，后考入清华大学经济管理学院的王一，家境优裕，而中学放假时却要到赛特购物中心门前擦车，上大学后每月的生活费也不超过300元。他说："孙老师告诉我们，要热爱枯燥和痛苦，要耐得住寂寞，要学会享受不享受的享受。"学生刘莉莉，一个非常善良的女孩子，通过希望工程牵线，她结识了两个家境贫寒的小姑娘。每年春节，她都要把几百元压岁钱寄给远方的小妹妹。考上北大后，她又将获得的数百元奖学金寄给她们，资助她们读书，而她自己的生活十分俭朴。她说，她愿意做一个像孙老师那样使别人生活得更幸福的人。她的家长也非常感激孙老师把一种崇高而美好的感情融入女儿的心中。

最遗憾的是江姐，没能看到可爱的孙儿——彭壮壮，在孙维刚的培育下已经成长为一个热爱祖国，具有很强责任感的优秀青年。班上同学都知道孙老师除了说"彭壮壮是江竹筠烈士的后代，希望他不要辜负革命先辈的期望"之外，从不轻易把壮壮与江姐联系到一起，壮壮没有一丝的优越感。他不仅跟孙老师学到了知识，更感受到孙老师那颗炽热的爱国之心和他心中的美好情操。壮壮参加全美最高水平的青少年科学竞赛——西屋科学奖竞赛，一举夺魁，在美国引起轰动。面对太多的赞美，小小少年竟能像他的老师对待荣誉一样，心静如水。因为他知道，等待他的是更艰巨的挑战。在美国哈佛大学就读的日子里，他始终关心着母校，关心着祖国，并一再通过书信向孙老师倾诉自己的心里话："如果国家需要，即使意味着献出我的肢体，我也不会有所遗憾……"有这样的学生，孙维刚感到欣然。

**一旦来到孩子们中间，他的心、他的情、他的魂，
似乎都被他们摄去，爱事业、爱学生是孙维刚取之不尽的源泉**

凭孙维刚的本事和聪明才智，他应该能挣到很多的钱。但是他却情愿与清贫相伴，在自己钟爱的岗位上默默地奉献。曾有好几所大学派人游说，请孙维刚到大学执教。而他却说，只要抓好了基础教育，大学讲坛就不愁精兵强将，还是让我干自己力所能及的工作吧。其实，数学界人士深知他的水平，中国数学会理事，这个由科学家组成的"高智能核"中唯一的一位中学教师，教大学，也一定毫不逊色。但他仍然坚守普教阵地，尽管这里曾是一片贫瘠。他要和千千万万个"园丁"一起用智慧、用心血在这片土地上播种希望、播种未来。

有人说，中国的知识分子太重感情。的确，孙维刚就属于那种重感情的人。对党、对祖国、对人民，他满怀赤子之心，对学生则饱含慈母之情。

1990年，可怕的病魔闯进孙维刚的生活。"膀胱癌"像一把无情的利剑刺痛着人们的心。同志们心疼，领导们心疼，学生和家长更心疼。可他告诉孩子们：不要难过，我一定和病魔斗争，把你们送进大学。十年中，病情多次反复，前后八次手术，可以说，这期间，他是在与病魔的抗争中，一如既往地为国家造就了一批批优秀的毕业生。

那一次是带着实验班的四名同学代表北京参加第七届中国数学奥林匹克竞赛。各省代表队都住在中国农科院。比赛的第一天早晨，术后不久的孙老师突然又大量尿血。每次上厕所，他都在无人的时候去，而且还关上灯。他不想让别人看到，自己也不看。有一次忍不住看了一眼，便池里全是红的。他冲干净后，自己走下楼，乘车回家。第二天一早，参赛的同学又看到了孙维刚。

学生雷易鸣永远忘不了孙老师在动手术前写给他的三封短信。那时，

他太不懂事了，上课管不住自己。孙老师不放心，三天一嘱咐，两天一鼓励，就盼着他能有进步。

杨哲忘不了和孙老师一家一起生活的情景。那年父母因公出国，家里只剩他一个。孙老师把他接到家中，分文不取，吃住全包。这个家，没有高档豪华的家具，却充满着慈爱与温馨。享受过这段难忘生活经历的不只是杨哲，还有王丽红、纪秀伟、王瑞华。孩子们现在都大了，他们说，当时只知道心中充满了幸福、充满了感激，却没有更深刻地去理解"高尚"的含义。

陈硕的父亲下岗了，家里生活很困难。孙老师在班里说，陈硕的费用全由学校报销。后来学生们才知道，他是"骗人"的，这些费用都是他自己出的。他把写书的报酬都花在了学生身上，而自己永远穿着一件旧军大衣，老式的涤卡中山装，袖口都磨破了。

还有闫君，在他准备参加数学奥林匹克集训队选拔赛前，多么希望得到孙老师的指导啊！可孙老师太忙太累了，小家伙真不忍心再增加他的负担。但是，孙维刚就是孙维刚，他不可能在这关键的时刻不出现。他来了，冒着寒风推开了闫君家的门。于是，柔和的灯光伴着孙老师亲切的声音，洒落在闫君的心田。为了给闫君提供有关国家数学竞赛的资料，孙老师从刚由莫斯科飞来的朋友手中拿到俄罗斯最新竞赛题目后，凭着自己的俄文功底，马不停蹄地连夜翻译。一连几个通宵，硬是把试题全部啃下，整整抄了15篇稿纸，用电传及时送给在武汉集训的闫君。闫君捧回奖杯对人们说的第一句话就是："没有孙老师，我不可能获得金牌。"

1998年4月27日，孙维刚因癌转移到直肠，住院准备接受第八次手术。五一劳动节那天，原高三（1）班全体同学排着整齐的队伍前来看望敬爱的孙老师。大家默默无语，眼含热泪，想再听一次孙老师的教诲。自打得知癌转移的不幸消息后，他没有掉过一滴眼泪，此时此刻他落泪了。这是怎样一种血肉相连的感情？孙维刚爱他的学生，是因为他爱事业，这是他取之不尽、用之不竭的力量源泉。

今年2月，病魔又一次击倒了孙维刚，他不得不进行漫长而痛苦的治疗。在与病魔斗争的这些日子里，他最想念的是自己的学生，最放不下的还是工作。休息一下吧，孙老师！您可知道您的学生、同事、领导，还有许许多多关心您的人，正盼望着您早日康复。他们虔诚地祈祷着，希望奇迹再一次出现……

《中国教育报》2001年10月3日

09 讲台上的堂吉诃德
——一个理想主义者遭遇的现实教育困境

本报记者·翟帆

编者按

2006 年，48 岁的中学教师姚少凡，与学校签订备忘录：学生每天睡觉不得少于 8 小时，星期六、星期日不集体补课。这样一项与众不同的教学实验，使他在重庆市奉节县成了有争议的人物。

在给学生的赠言中，他曾写道："社会总是要向前发展的，但这种发展绝不会是自发的，它需要每个有志者通过自己坚持不懈的努力去推动，哪怕作为个人的这种推动作用十分微小。"

在这场个人与巨大而又隐形的体制对抗中，姚少凡是孤勇者，又何尝不是那个大胆站在时代潮头、发出预见性先声的"有志者"。

9 月 11 日，避过了酷暑，重庆市奉节县的中小学正式开学。

清晨，太阳刚刚在夔门上方露头，奉节师范进修学校高三（1）班班主任姚少凡就来到教室。看到正在安静自习、等待老师的学生们，他的心里涌起一股说不清的滋味，有欣慰，也有苦涩。

这是个特殊的班级，之所以说它"特殊"，不仅因为班级里只有 23 名学生，低于学校的编班标准，还因为它戴着顶"试点"的帽子。

也就是因为这份"特殊"，班级面临着解散的命运。虽然经过姚少凡几个月的多方争取，这个班级被保留了下来，但能否平稳走过这关键的最后一年，对于姚少凡和全班学生来说，还是个未知数。

挑战现行教育

48岁的姚少凡，是个极富个性的人，他做事有个特点——凡是自己认准的事，九头牛也拉不回来。他的这个特点，喜欢他的人称之为执着，不喜欢他的人称之为固执。

2003年，他就靠着这种执着和固执，自荐当选了县人大代表。当时姚少凡所在的第八选区包括奉节师范进修学校和聋哑学校，600多选民几乎人人都收到了他的《关于自荐当县人大代表给选区选民的信》。作为一个标新立异的参选者，选民们尤其是学生选民给予了他极大的支持，使他在与漠视民主法制的人进行的斗争中，取得了胜利。

这一胜利给了他很大的信心和勇气，他将下一个挑战的目标设定为现行的教育模式。

1981年从奉节师范进修学校毕业后，姚少凡就一直没有离开过教育系统，20多年的耳濡目染，使姚少凡透彻地看到教育的积弊。"学校超教学计划安排课时、削减应开科目、延长晚自习、周六周日补课，而忽略学生的思想工作，忽略学生能力、行为习惯、心理品质等综合素质的培养。""学校将本该生动活泼、内容丰富、趣意盎然的教育教学活动简化为'灌'和'擂'。正课灌！自习灌！周六周日擂！各种资料漫天飞，各种练习如汪洋大海，教师教得机械呆板，学生学得被动苦恼。"在网上，透过键盘，姚少凡发泄着对现行教育的不满。

2004年，靠着这种执着和固执，姚少凡发起了对现行教育的挑战，但这一次，他几乎陷入孤立的境地。

这一年，姚少凡所在的奉节师范进修学校，在县政府的支持下，开始举办普通高中教育。在师范班担任政治课教师的姚少凡提出，自己到新成立的高中班担任班主任，进行一项旨在全面提高高中教育质量的课题实验。而正巧，姚少凡的儿子姚思远也在这年初中毕业，他决定从儿子身上

"开刀"，将按成绩可以进入省示范高中的儿子招至麾下。"我拿自己的儿子作'抵押'，学校对我的实验该放心了吧。"姚少凡这样想。

姚少凡在课题申请中写下这样一段话："目前，普遍存在的单纯应试教育的模式，忽略了学生思想培养和个性发展，违背了教育规律，培养的学生很大程度上不符合社会发展的要求，不具备社会建设生力军的必备条件。本课题旨在全面贯彻教育方针，遵循教育规律，培养德智体全面发展的一代新人，为社会主义事业输送多层次的优秀人才。"

他的实验重点是激发学生的内在能动性，通过自主学习、讨论讲评等方法，让学生获得有用的知识。他提出，要还给学生自习、双休日等自主学习时间，要还给学生开展丰富课外活动的时间，全面发展学生各方面的能力。

姚少凡的这些想法由来已久。对于学生的全面发展，早在20世纪80年代初，他在兴隆中学担任班主任时，就做过这方面的探索。其结果是当时被称为"5类苗"的"差班"，在他的手下被调教成万县地区的先进班集体，学生中有升入大学的，也有成为乡镇干部和当地致富能手的。1991年到1992年，他在调任上坝中学副校长时，只一年多的时间，上坝中学的校风、学风及升学率等都有了很大改观。这些经历，增添了他做一名合格班主任的信心。

而关于学生自学能力的培养，他认为自己更是这方面的行家。姚少凡年少时，曾因为家庭困难，只读完初中一年级就退学回家，后来能够考入中师和大学，完全靠的是自学。历史总是惊人地相似，刚刚考入高中的儿子姚思远，也走了一条和他类似的道路——小学五年级时，姚思远因身体原因在家休学一年，进入初中后，除音体美等必须到学校学习的课程外，其余大部分时间在家中自学。中考时，基本靠自学的姚思远，考试成绩竟然进入了全县的前50名。这让姚少凡觉得，他自己和儿子的经验，完全可以在其他学生身上复制。

惹恼学校领导

"贯彻教育方针,遵循教育规律,对学生进行科学教育,全面提高高中教育质量",这是姚少凡申报课题的题目。且不论课题如何实施,首先从提法上就让包括校长王晓帆在内的学校领导感到别扭:"这不是打击一大片吗?难道其他教师都没有贯彻党的教育方针,都没有遵循教学规律,都不是在科学育人?要真是这样的话,岂不是说我们的办学方向有问题?"所以单单看标题,姚少凡的想法几乎就已被否定。

等到细看课题具体实施方案,学校领导更是觉得难以接受。姚少凡希望能担任班主任,同时还提出,为了便于管理,不受其他班级干扰,他所带班级的学生不住学校公寓,而统一到校外租房居住。要脱离学校统一管理,对于这一点,学校明确表示不同意。

"姚老师这个人有干劲,有热情,但想问题不十分周到,头脑一热就搞,操作起来却很不现实。"和姚少凡共事了十六七年的校办公室主任冉臻这样评价姚少凡和这件事。他的这一观点也代表了学校行政会一些人的看法。

姚少凡的请求在学校里没有获得通过,但他并未放弃,因为他手里还握有"尚方宝剑",这就是他县"人大代表"的身份。有了这层身份,他可以越过学校,直接将自己的想法呈递给县委、县政府的领导。县领导在听了他的工作思路后,被他的工作热情所感染,指示县教委,要认真对待此事。

姚少凡的"上奏",让学校行政会感到恼火,但在县教委的干预下,学校不得不妥协,同意姚少凡担任班主任,并同意姚少凡所提出的"确保该班按照教育部规定开课,不加课时,规定开设的课程全部开齐""确保该班周六周日不集体补课,晚自习教师原则上不集体讲课,作为学生自主学习时间,在学生在教室学习和确保安全的情况下,自行安排文化课学习内容"等方案。作为前提条件，姚少凡则放弃了学生到校外租房的想法，服从学校统一管理。

但对于姚少凡上报县教科所的课题申请，学校却始终未签署意见，而仅以一份"备忘录"的形式，由教务处和政教处签字表示同意。因此，姚少凡两年来的"试点"，并没有成为真正意义上的课题实验。

实验开始后，"试点班"不加课时、周末不补课等做法，使这个班俨然成了一个"独立王国"，给学校的管理带来了一定难度，但既然有"备忘录"在先，对于这些举措，学校虽然不是非常支持，却也并无干涉。况且该班学生的纪律性和学习自觉性确实有目共睹，明显高出其他班级。

但一年后，一桩"罢考"事件彻底惹恼了学校行政会。

为了解学生对教学内容的掌握程度，奉节师范进修学校也同许多高中一样，采取了单元检测，也就是所谓的"月考"制度。对此，姚少凡向来持反对态度，他认为，每月的"月考"，要占去周末两天时间，而考后试卷讲评，又要花上将近一周时间。"如果把这个时间交给学生，让他们根据自己的具体情况安排学习内容，作用肯定要大于考试。"他说。

受姚少凡的影响，班级里的学生对"月考"也很排斥。2005年12月17日上午，在当月的"月考"中，该班学生在第一门英语考试中，多人交了白卷，继而又罢考后四门考试，在学校引起轩然大波。为此学校高二年级组教师多人签名，要求撤换姚少凡或者解散该班。

由此，学校的态度发生转变，"解散"成为悬在该班头上的一把剑。

开罪不少教师

在年级组办公室，记者看到，门上贴有高三年级全部教师的名单，唯独"姚少凡"三个字被狠狠地涂成了黑色。记者询问原因，一位教师告诉记者："他根本不到这个办公室来，而是自己在他班级后面支起一个课桌，平时都在那里办公。"从这张纸上，应该可以看出姚少凡和其他教师之间不甚和谐的关系。

采访中，虽然不少教师都对姚少凡正直的性格给予了正面评价，但他不会拐弯、不合群的秉性，也受到一些教师的诟病。"非常理想主义，很不现实""极端自负，一个人身兼物理、数学、政治三门课，总觉得自己最行，听不进别人的想法""别的班主任都是配合科任老师，只有他，必须科任老师服从他才行""他自以为世人皆醉，唯他独醒""他不屑于人情世故，觉得与天斗、与地斗、与人斗，其乐无穷"，同年级组的一些教师这样评价他。

对于这些评价，姚少凡不以为然。他不否认自己具有理想主义色彩，虽然在很多人看来，他的举动无异于塞万提斯笔下向风车挥舞长矛的堂吉诃德，但他自己却认为，自己并非那般不切实际，而是如自己最崇拜的伟人毛泽东一样，敢于坚持正确的主张。

例如，对于补课，很多教师虽然不满，但认为："示范校都在补课，为了学校的声誉，我们能不补吗？还不是给逼出来的。"可姚少凡却自有一套主张："示范校生源好，可以补课，而我们的学生因为基础比较差，反而更不能补课。这就好比长期营养不良，你却非让他去跑马拉松，非把他拖死不可。"

姚少凡提倡给学生更多自主学习的时间，让学生根据自己的情况，把不足的科目补上来。因此，在高一时，同年级其他班级语文、数学、外语每周都安排了6课时，而姚少凡的班级，为了给学生更多的自习时间，硬性执行国家规定，每周只安排4课时。

一些教师支持姚少凡不补课的做法，对超时补课深恶痛绝。英语教师黄涌对记者说："学生们补课就三年，而对于教师们来说，周末永无休息，不知道什么时候是个头。"黄涌老师告诉记者，他每周要上12节正课，此外还有9节自习课，基本上也是用来讲课，这样算起来一周共有21节课。

但也有一些教师认为姚少凡不补课的做法过于绝对，语文教师谢丽华就是第一个明确提出因为课时少而不想上他班课的教师。2004年7月，谢丽华老师从四川师范大学毕业后被分到奉节师范进修学校，教高一年级语文。同样的进度，课时数少，自然对教师的要求更高，这让教学经验不太丰富的谢丽华感到非常紧张："既然数学、外语都能克服，我想我也应该可以，可谁知越教问题越大。"谢丽华说，上姚老师班的课，总感觉很多内容讲不完，一些背诵篇目也只能放到自习课上检查，"压力实在太大了"。

采访中，姚少凡对记者谈到，不少教师之所以热衷于补课，其中有一部分经济原因——补一节课能有20元的补贴，一周下来就是百八十元，一个月能增加三四百元收入，这对于本来工资就不高的山区教师来说，无疑是个诱惑。因此从加强师德的角度，也应该禁止补课。

姚少凡的这一观点无疑将众多补课教师推到了自己的对立面，谢丽华就对这样的说法感到气愤。她认为老师们争相补课，大多是怕自己所教的班级落在别人后面，而并非出于经济考虑。

流失半数学生

在姚少凡与学校签署的"备忘录"中有这样两句话："若有学生非正常转出，每转出一名，扣除姚少凡同志补贴100元。若有学生转入该班，必须分别经该班全体任课教师和全体学生无记名投票表决，有三分之二以上同意，方可转入。"记者以为这是个"不平等条约"，但细问之后才知道，"备忘录"的内容为姚少凡自己所起草，相信那时姚少凡一定是自信无比，认为自己的课题实验有十足的把握赢得学生和家长的支持。

但事实却有些出乎他的意料。

高一组建"试点班"时，姚少凡所带的班共有54个学生。姚少凡至今还记得，2004年10月7日那天，他召开第一次家长会，当他把提倡学生自主学习、周末不补课的想法讲述给家长听时，到场的30多位家长热烈鼓掌，全部表示赞同。

高一下学期，学校分文理科班，姚少凡的班级变为49人。

高二上学期，姚少凡被扣除了第一笔，也是唯一被扣除的一笔补贴100元。在这学期里，由于不满意数学老师的教学水平和教学态度，姚少凡向学校提出更换教师。在一时没有合适人选的情况下，姚少凡在讲授物理课和政治课之外，又承担起了自己班数学课的教学工作。这一变化在学生中间引起了波动，一名学生因为不适应姚少凡一人讲授三门课的情况，提出了转班的要求。姚少凡主动提出，按"备忘录"内容，扣除自己100元补贴。之后又有两名学生转到文科班，6名学生因为家庭原因退学打工，这样班里还剩40名学生。

到了高二下学期，姚少凡遭遇到了"滑铁卢"。由于发生"罢考"事件，一时间，这个班在学校受到格外关注。学校和县教委的先后调查，以及班级解散的传言，让一些学生感到了"特立独行"所必须承受的压力，于是，陆续有学生转到其他班级。到高二结束时，姚少凡的班级只剩下23名学生。

对于姚少凡的教学和管理水平，留在班里的学生都给予了很高的评价。一名叫高文俊的学生对记者说，他最钦佩姚老师的兢兢业业和刚直不阿，最自豪的是班里的纪律和学习风气："在姚老师的教导下，我班同学的学习自觉性比其他班要好很多。周六周日，我们班同学都自己到教室上自习，而其他班如果没有老师在，肯定找不到人。"另一名同学李诗华告诉记者，他和家人都认为姚老师是个负责任的好老师，姚老师所倡导的自主学习的方法也很适合自己。曾经有同学动员他转班，他的爸爸说："如果班级解散，转去别的班，你就不要再读了。"由此可以充分感受到家长对姚老师的信任。

而转到其他班的一位同学却告诉记者："姚老师的班看似自主，其实管理非常严，非常不自由，他经常在教室'监视'同学上自习，甚至有时离开后，又故意杀个回马枪，看班级的纪律怎样。"有同学说："姚老师倡导的自主学习方法让人难以适应。班上自学时间比较多，但很多同学不掌握方法，看着是在读书，而其实是在发呆，因此不如在别的班学到的东西多。"还有同学说:"姚老师过于严厉和刻板,虽然对学生们说有意见可以提,但其实他很难接受学生的建议。"这位同学表示,姚老师在批评时不太注意方法,常常揪住一点小事大做文章,用词也不注意分寸,很伤学生自尊。

对于转出学生所罗列的理由,姚少凡并不认可,也没有主动提出扣发他的补贴。他猜测,如果不是有人散布解散班级的传言,如果不是有人暗中做学生工作,这些学生是不会转到其他班级的。但高三年级组长蒲晓东对姚少凡的这种猜测给予了坚决否认,据他了解,这些学生都是自愿递交转出申请的,"他说别的班到他的班挖学生,那他也可以去别的班挖,看有没有学生会跟他走"。

无奈的妥协

"试点"两年来,成效到底如何?应该说,记者是抱着挖宝的心情前去采访的,希望能找到一个"科学育人,全面提高高中教育质量"的好办法,但采访中,却似乎很难得到一个明确的答案。

由于姚少凡的课题申请未能得到学校的同意,"试点"也就没有像真正立项的课题那样,有着严密的实施步骤和数据分析。因此在评价实验效果时,大家不约而同地想到了考试成绩。

校长王晓帆在接受记者采访时,希望记者不要急于对这一"试点"进行报道,因为"要等到明年高考后,看他们的高考成绩,才知道试点的成效。如果成绩好,再来宣传他们的经验也不迟"。

虽然姚少凡一贯对过多的考试持反对态度,但他在讲述自己的成绩时,也还是列举了考试数据:三个理科班上学期期末平均成绩,自己班358.3分,其他两个班分别是309分和290.8分。自己的儿子姚思远,今年提前参加高考,成绩在全县排名第三。"高分不一定高素质,但素质教育一样也能拿高分。"姚少凡这样评价自己的班。

教务处与年级组对试点班的评价,同样也是基于对考试成绩的分析。

教务处和年级组认为姚少凡列举的成绩，难以说明问题，因为在分文理科班时，姚少凡班的平均成绩就要好于其他两个班。年级组长蒲晓东还向记者出示了三个班每学期末各科的平均成绩，从这组数据看，甚至得出了与姚少凡相反的结论，因为有些科目，姚少凡所带班级相对于其他班级的优势正在逐渐缩小。

在困境和负面评价面前，姚少凡有些扛不住了，只要能保留这个班，只要周六周日还让学生自主学习，其他的事情可以让步。

其实，早在2005年秋季开学，他的妥协就开始了，那时从高二（1）班课表，已看不出和其他班有多大的差别。"晚自习加到了4节，从早晨6:25上课到晚上9:40下课，要保证学生8小时的睡眠已经有些困难。原来说课程不减、课时不加，但每周的正课已经由30节加到了35节，和其他班的课时数一样了。班会活动也取消了。"姚少凡无奈地诉说着班级的改变，"不过，我还坚持数学和物理课后只布置1至2道练习题，坚持晚自习不讲课，另外我把我的物理课减了1节，物理辅导和数学辅导各减1节，这样每周给学生多出了3节自习的时间。"

面对现实，执着和固执的理想主义者姚少凡懂得了运用策略。

《中国教育报》2006年9月24日

10 对教育的爱永远输送不完
——记云南省华坪县"儿童之家"院长、华坪女子高中校长张桂梅

本报记者·李配亮　杨云慧

编者按

张桂梅，一个普通而闪光的名字。

如果只看她的人生之路，似乎是一条再艰难不过的"生死苦旅"：幼年丧母，青年丧父，中年丧夫，没有子女，童年时"差一点儿被狼吃掉"，少年时期"一场大病"，"死而复生"，以后是数次手术，与死亡擦肩而过，"至今身上被医生诊断患有23种疾病"，其中肿瘤多种。

但在生命苦痛的另一面，她把个体命运融入社会演进的洪流，踩着支援国家大三线的时代节拍，从北国奔赴西南边疆，在崇山峻岭间抒写自己的青春之梦。她以"亦余心之所善兮，虽九死其犹未悔"的坚韧和奋斗，开启了风雨兼程的师者之路，传道授业解惑，以自己的生命燃烧，点亮学生的心灵之光。

她没有子女，却是许多孩子的妈妈。"儿童之家"创办之初，还要她背着、抱着的孩子，现在已是初中学生。今天，依然有50多个孩子叫她"妈妈"。

她幼年丧母，青年丧父，中年失去丈夫，又身患重病，面对接连不断的不幸，她选择坚强；为了让未来的母亲接受良好的教育，她多方奔走，筹办免费女子高中；她支撑着病体完成了165名学生的家访，行程3000多公里。

她，就是共产党员、云南省丽江市华坪县"儿童之家"院长、华坪女子高中校长张桂梅。

党的十七大代表、全国五一劳动奖章、全国劳动模范、

全国先进工作者、全国十佳师德标兵……今年，她带领的团队再次获得了"全国五一巾帼标兵岗"殊荣。

面对这么多的荣誉，张桂梅却说："我的爱永远输送不完！因为党和人民源源不断地为我输送着爱。我所做的一切都是一个共产党员应该做的！"

"只要我还有一口气，就要站在讲台上"

洗得褪了色的牛仔裤，老气的花衬衫、旧皮鞋，厚厚的近视眼镜……当记者再次见到张桂梅时，她的"行头"和多年前几乎一模一样。见记者打量她，爽朗的张桂梅自嘲道："同事们都叫我'老太太'，习惯了，穿着舒服就行。"

就是这样一个看似普通的女性，她的人生和事业，却和教育有着不解之缘。

张桂梅1957年出生在黑龙江省牡丹江市的一个满族家庭，18岁临近高中毕业时，父亲去世。她随支援边疆建设的姐姐来到云南，两年后，她成了香格里拉县林业局子弟学校的一名教师。

1988年，张桂梅随丈夫调到大理任教，开始了幸福美满的生活。然而好景不长，丈夫患胃癌去世。为了从悲痛中走出来，张桂梅来到了偏远的华坪县，全身心地投入到教育事业中，践行自己"只要我还有一口气，就要站在讲台上"的诺言。

在华坪，张桂梅放弃了进条件最好的华坪一中的机会，而是选择了条件特别差的中心中学。提起当时的选择，张桂梅说："我看中的就是学校条件艰苦这一点。"在中心中学，张桂梅承担了四个毕业班的政治课教学任务，"感觉几乎都在小跑，不跑前跑后地辅导学生，哪能行？"

1997年，张桂梅患了子宫瘤，必须尽快手术。但眼看着自己的学生三个月后就要升学考试了，她把医院的诊断书悄悄锁了起来。7月，把学生送进考场后，她才独自到医院做了手术。没有理会"最少也要调养半年后才能工作"的医嘱，手术后的第 24 天，张桂梅又站在了华坪县民族中学的讲台上。

"都说人往高处走，水往低处流，你们认为我是不是很傻？"张桂梅说，"条件越艰苦的地方，越需要我，也更能锻炼人。"

可就在第二年，又一次把学生送进中考考场后，张桂梅再次做了肿瘤切除手术。当她重新站在讲台上时，教育局和学校领导要为她减一门课，但她死活都不肯："我的病可以慢慢治，但耽误了学生，那是一生的罪过啊。"

"只要孩子们能生活得好一点，我当'乞丐'，值！"

2000 年，张桂梅开始担任刚成立的华坪县"儿童之家"的院长。

"儿童之家"本来是一所带有福利性质的孤儿院，为了保护孩子幼小的心灵，在张桂梅的坚持下，孤儿院的名字改成了"儿童之家"。成立第一天，"儿童之家"就招收了 36 个孩子，小的只有两岁，大的已经上小学五年级。一个月后，孩子增加到 50 多个。每天晚上，张桂梅跑回"儿童之家"忙里忙外，第二天将孩子们的事情都安排好后又匆匆赶到学校上课。

但从第二年开始，"儿童之家"开始面临经费短缺的问题。"孩子们的吃喝拉撒开支越来越大，怎么办呢？"这愁坏了张桂梅，她想到了"乞讨"。

张桂梅找政府部门开了一张证明，就来到了华坪县城大街上"乞讨"。因县城不大，相互认识的人很多。"刚开始觉得不好意思，但是慢慢地也就觉得无所谓了。只要孩子们能生活得好一点，我当'乞丐'，值！"但张桂梅一个多月"讨"到的钱对"儿童之家"越来越大的开支来说，无疑是杯水车薪，但她并没有放弃。2003 年暑假，张桂梅从华坪"转战"昆明。

在昆明，张桂梅背着复印好的一大旅行包资料走街串巷地"乞讨"，见到人就发资料，但很多人以为她是骗子，有的往她脸上吐口水，有的还辱骂她。

"乞讨很丢人，但'儿童之家'的孩子如果生活得不好，我这个义务院长更丢人。"张桂梅累了就在路边歇一会儿，渴了就讨口水喝，饿了就啃几口干粮，2003年至2007年的寒暑假，张桂梅在昆明"乞讨"到两万多元。

在张桂梅的感召下，一些好心人纷纷向"儿童之家"伸出了援助之手。"华坪县政府和一家企业投资200余万元新建的'儿童之家'能满足100余名儿童的生活。"提到新建的"儿童之家"，张桂梅的脸上洋溢着幸福的笑容。

2007年，"儿童之家"还获得了政府的低保，每个孩子每月有60元补助。张桂梅说："现在虽仍缺资金，但我相信'儿童之家'会越来越好。"

在华坪，张桂梅对自己的"抠门"是出了名的。熟悉张桂梅的人说："这的确是事实，为了省钱，她多年来从不吃肉，每天只花3元生活费。"

但在华坪，张桂梅对别人的慷慨更是出了名的。

有一次，一个学生没有钱吃饭，张桂梅回到宿舍翻箱倒柜，把自己仅有的20元都给了那个学生。张桂梅对孩子说："你先用着，我会想办法。"从此，张桂梅每个星期都资助那个学生30元，直到他初中毕业。张桂梅72岁的大姐病危，在离世之前，想看一眼20多年未见过面的妹妹，还给她寄来了500元路费。这时，正遇上一个生病的学生交不起住院费，张桂梅没犹豫就用姐姐给的路费为学生交了住院费。

张桂梅慷慨的事例不胜枚举。获评全国劳模得了5000元奖金，张桂梅考虑到自己重病在身，一次性提前交了党费；又有3万多元的奖金，张桂梅刚过手就捐给了灾区；昆明市总工会千叮咛万嘱咐专门拨给她治病的2万元最终也被捐了……截至目前，张桂梅的全部奖金、捐款和大部分工资累计近50万元，统统用于资助学生、困难群众和教育事业。

"只有改变贫困女孩的命运，才能避免低素质"

"有一位妇女，因一点小事情想不通就喝农药自杀了，见妻子自杀，丈夫也寻了短见……"张桂梅说，"我从收养的孩子们身上，看到了很多贫困家庭的不幸。"

在张桂梅看来，偏远贫困地区的落后，最主要的原因是教育的落后，而教育的落后又集中体现在女童受教育程度低。"在偏僻的华坪县，乡村贫困女孩上高中的很少，她们大多数不能继续接受教育，所以形成了'低素质女孩——低素质母亲——低素质下一代'的恶性循环。"

张桂梅认为，要解决偏远山区的贫困问题，必须从提高妇女素质入手。"何不办一所免费女子高中呢？" 2002 年，张桂梅萌生了在华坪建一所女子高中的念头。

在各级领导的关心重视下，贫困女子高中在 2008 年 8 月变成了现实：丽江市委、市政府补助 100 万元，华坪县投入 100 万元，新建的建筑面积 1822 平方米、可容纳 600 名学生的综合楼已竣工投入使用。来自华坪、永胜、宁蒗等 3 个县的 100 名贫困女生走进了女子高中的校园。

在采访结束时，张桂梅说出了她的几个心愿：在退休前，把女子高中的围墙建起来，让学生安安心心地坐在教室里读书；希望有一位称心如意的校长接自己的班，把女子高中建得更好；希望自己能多活几年，看到女子高中一天比一天好，看到所有贫困女孩都到女子高中读书。

《中国教育报》2011 年 6 月 4 日

11　乡村教师仲威平的 8 万多公里

本报记者·张东

编者按

"走路最多,讲话最多,课时最多,教材最多,备课最多,学生最少"。1987 年,仲威平走进了黑龙江省铁力市兰河村兰河小学,这里地处偏远山区,办学条件十分简陋。1998 年撤点并校之后,为了 8 名贫困、单亲、智力有障碍和无人照顾的学生不辍学,仲威平留下组建复式班,成了这里唯一一位教师。从此,她既是班主任,又是科任老师,还是学校的勤杂工。在这片教育天地中,她执着、进取,甘愿做一支红烛,燃烧自己,光照后人。

一间砖砌的小屋,门口挂着一张白色牌子,上面写着"兰河小学"。

走进屋,凉气扑面而来,不到 20 平方米的空间里,一半是炕,另一半摆着四张课桌、八把椅子和一块小黑板。一张破旧的老式办公桌上,放着两瓶红蓝墨水、一部黑色的"砖头"收音机和几本褪色的小学课本。

就是在这里,黑龙江省铁力市工农乡兰河小学教师仲威平坚守了 24 年。

1998 年,兰河小学被撤并到 5 公里以外的乡中心校,这意味着学校 8 名贫困、单亲、智力有障碍、无人照顾的学生因上学路途遥远而面临辍学。为了这些孩子有学上,仲威平留了下来。守着只有 8 名学生的班级,每天讲 4 个年级的课,嗓子干了,就抿一口从家带的凉开水;中午饿了,就啃几口冰凉的馒头。

24年来，不管风吹日晒还是雷雨大作，她独自骑车在夏天泥泞、冬天被大雪覆盖的林区小路上往返。仲威平的道理很简单："让老师跑路，也别让孩子累着。""你肯定不敢相信，就在这条小路上，她骑车的总长度都能绕行赤道两圈了。"工农乡的乡亲们竖起大拇指说，"你算算，她上课来回骑车20公里，一年上180天课，一共是3600公里，24年下来可就是8万多公里啊，赤道总长才4万公里呢！"

既是老师，也是勤杂工

教室窗户上蒙着一层农用塑料薄膜。那是怕冬天窗户漏风，仲威平自己钉上的。透进来的光线因此减少了许多，墙壁也被烟熏黑了，教室显得有些昏暗。但这简陋的教室还是被仲威平精心布置了一番。"好好学习、天天向上"8个大字整齐地贴在讲台上方。一眼看去就知道是仲威平的"作品"。她笑着说："一大张红纸只要一块钱，买回来刚好裁成8块，再用粉笔写上字，一点都不费事。"

黑板旁边，贴着一张课程表，同一时间段的方格被分成了4块，分别写着4门课程。如果不仔细琢磨，还真搞不明白。"你看，周一第一节课，四年级学生上语文，二年级学生预习数学，一年级学生写生字……"仲威平解释说。

1998年之后，兰河小学的学生最多时只有8人，被分为4个年级，有时1个人就是1个年级。仲威平每天要给各年级的学生上课。最初，如何让不上课的学生利用好课堂时间是她最头疼的问题。渐渐地，她摸索出了课表上显示的"动静教学法"，就是一个年级学生动起来听课，其他年级的学生静下来写作业。但这样一来，仲威平就不得不利用课间时间检查、批改学生的课堂练习，常常连喝口水的工夫都没有。

教室里的桌椅也有些特别，大人坐上去会感觉椅子太高，桌子太矮，很不舒服。其实，这是仲威平特意为孩子们亲手改造的。她说："以前的桌子太高，学生个头小，坐下就够不着桌子了，只好跪在椅子上。我干脆把桌子腿一个一个锯掉。"

这个学校虽然老师少、学生少，但课程一门不少，连思想品德教育都搞得有声有色。每周一早晨，仲威平会带着孩子们到教室外向高高飘扬的国旗敬礼。当初，学校没有旗杆，如何把国旗挂起来，让她煞费苦心。最终，一根4米长的小杨树杆被仲威平"变成"了国旗杆。"我跟孩子们一起把'旗杆'先放倒，把五星红旗绑在一端，再将'旗杆'竖起，埋在坑里固定。"从此，兰河小学就有了独特的"升旗仪式"。

铁力市位于小兴安岭南端，夏季炎热，冬季寒冷，一年积雪天数超过100天，气温最低能达到零下三四十度。教室里没有暖气，冬天必须得搭上炉子和火炕，炭就成了兰和小学的过冬必备品。

每年10月，仲威平早晨去学校时，都会在自行车后座上绑一袋炭，一个冬天要用的炭，就是这样被她一趟一趟运到学校的。冬天的早晨，仲威平会早到半个小时，在学生到校之前把炉子搭上，把教室烘热。遇到雪大路滑，她出家门的时间会更早。

年久失修的门窗也抵御不了冬天的大风和寒冷空气。入冬前，仲威平还要给教室的门钉上木条，并给窗户罩上塑料薄膜，起到加固与保温的效果。如今，门上一条条歪歪斜斜的木板，都是她多年来陆续钉上的。

夏天，教室周围荒草丛生。特别是暑假过后，荒草往往会长到一人多高。为了给孩子们开辟一片活动场地，仲威平开学前就会跑到学校除草。

"仲老师守着这个教学点，既当老师，又当勤杂工，锄草、烧炉子、钉窗户她都自己干，从来不告诉我们。"她的辛劳，乡亲们看在眼里，记在心里。

有人问她："何苦呢？"她笑着说："我是当老师的，有这样的责任和义务，换了谁都会像我一样。"

就算天上下刀子，也来给学生上课

4月初，风中依然夹杂着寒气，仲威平低头走在兰河村头因冰雪消融而变得泥泞的道路上，早晨扎好的发髻早已被风吹散。这条路，她再熟悉不过了。

通往兰河村的这条10公里乡村小路，伴她度过了24个春夏秋冬。这里的一草一木都见证着她24年来的艰辛：早上4点起床，6点出门，8点上课，这样的作息时间雷打不动。最难的还是走这条坑坑洼洼、时而泥泞、时而冰雪的乡村小路，顺利的话，骑车一个来回要3个多小时。但是，仲威平能顺利骑完全程的时候太少。大风天，她推着自行车艰难地顶风前行；雨天，她扛着自行车，蹚过满是泥水的道路；冬天，道路上积雪一尺多厚，她只能步行去学校；春天，路面的冰雪白天化开，晚上结冰，早晨的路面光滑得像一面镜子，她连人带车滚到路基下的情况有过十几次，被摔出几米远更是家常便饭。她的背包里必备螺丝、起子、气门芯和雨衣。为了不耽误上课，自行车坏了，就在路上自己修理。

现在，仲威平走路时有点瘸，右脚使不上力，因为脚腕很早就患有骨膜炎，肿得很高、很疼，冬天连棉鞋都穿不进去。

2009年冬天的一个早晨，准备出发的仲威平怎么也推不开家门，原来是夜里的一场大雪把门堵住了。家人都劝她不要去学校，但是仲威平放不下学生，背上包，拎着"午饭"上了路。大雪纷飞，寒风呼啸，她根本睁不开眼睛。一个人走在望不到尽头的雪路上，越走雪越厚，膝盖以下都被埋在雪里，实在难走的地方，就手脚并用。

两个多小时后，仲威平终于走到了学校。教室里，学生们整齐地坐着，一张张小脸冻得通红，眼巴巴地望着她。"你们就这么相信老师能来吗？"仲威平轻声问。"您说过，天上下刀子也来给我们上课。"学生的声音稚嫩却坚定。那一刻，她没来得及躲避学生的目光，泪水唰地流了下来。

林区的天气变化多端，特别是夏天，晴好的艳阳天里也会突然间雷雨大作，披上雨衣也无济于事。仲威平经常浑身上下都淋得透湿，冻得浑身发抖。没有干衣服换，她就让几个女学生挡着，把衣服脱下来拧一拧，再湿乎乎地穿在身上。

2003年，仲威平患上了严重的妇科囊肿病。因为每天都要骑自行车上下班，过度劳累，病情越来越重，每次发作都非常痛苦。为了不耽误上课，她经常一边讲课一边打点滴，就这样坚持了4年。2007年暑假做手术时，医生狠狠地批评她："你真是宁要学生，不要命！"

陪伴着她经历风霜雨雪的自行车一共有4辆。3辆旧车已经彻底报废，被放在后院的墙边。去后院菜园时，仲威平总会不由自主地看看那些"功臣"，过去20多年的岁月仿佛历历在目。

在仲威平看来，有自行车陪伴的路途上也有难忘的幸福回忆："夏天，路边有很多野菜，放学后我会采摘一些带回家；冬天骑不动车时，我早晨就在路上捡一些小树枝，带到教室搭炉子用。这样，一个人走着也不寂寞、不害怕。"

按惯例，每逢期末考试，仲威平会带着学生到乡中心小学参加统考。但冬天期末考试常常会遇到大雪，孩子们太小，无法跟着她赶到考场。为了不耽误考试，仲威平就一大清早抱着试题，从中心小学冒雪赶到兰河小学组织考试。"让老师跑路，也别让孩子累着。"仲威平的道理很简单。

由于学校离家远，路又不好走，仲威平中午下课送走了学生，就在教室里啃几口从家带的馒头，就几口水。20多年里，仲威平吃过各式各样的馒头：被雨浇透的、冻成冰块的、夹杂着土渣的……冬天的午饭最难下咽，气温零下三四十度，滴水成冰，到学校后，馒头和水已经冻得硬邦邦的，到中午还化不了。仲威平只能硬啃几口填填肚子，有时干脆不吃了，饿着肚子继续上课。

谈起啃冰馒头的事，她笑着说："我现在最不喜欢吃馒头，这么多年吃伤了。其实也怪我不会生炉子，火总是旺不起来。"仲威平说着，用筷子搅着刚出锅的玉米渣子粥，美滋滋地喝了一口。

只有一个学生出息，也感到幸福

小庞是一个智力有障碍儿童，是仲威平下功夫最多、最疼爱的学生之一。他一年级读了两遍，二年级读了三遍，好不容易背会了九九乘法表，过一个周末就全都忘记了。但仲威平从未放弃过他，一遍一遍不厌其烦地教他，直到教会为止。现在，他已经能流利地背出乘法口诀了。

小庞家境贫寒，父亲残疾，母亲有严重精神疾病。上学的第一个冬天，他连棉衣和棉鞋都没有，脚冻得发紫。仲威平第二天就从家里带来了儿子穿过的衣服，在教室里给他换上，让他暖暖和和地上课。

从那之后，仲威平每年不仅会用省下的钱给学生买学习用品和课外书，到了春秋换季的时候，她还给他们买衣服、买鞋。2008年"5·12"汶川地震发生后，除了组织学生们捐款外，她还向党组织捐了1150元特殊党费。

一次课上，班里一名学生好奇地指着窗外轻声说："老师，外面有人看我们上课。"仲威平走出教室，看到一个衣衫褴褛、又瘦又高的男孩。"你是想上学吗？"仲威平问他。男孩点点头，又迅速摇着头说："我没有钱。""这里上学不要钱，进来吧！"仲威平把男孩叫进了教室，安排了一个空位让他坐下听课。

这个男孩名叫苍海，母亲智力有障碍，父亲患有严重脉管炎，早已失去劳动能力，家里没有任何收入来源。当时，他已经13岁，却是第一次走进课堂。"刚开始，他连笔都不会拿，我就握着他的手一笔一画地教。"仲威平说。

但是，没上几天学，苍海家人就不让他念书了。仲威平一次又一次地去他家里做工作，让他坚持读完了小学四年级。2009年，17岁的苍海要到修理部当学徒，临走告别时，突然给仲威平深深地鞠了一躬，说："老师，谢谢您，是您教会了我认字。"那一刻，苍海的眼里含着泪花。

就像乡亲和学生总是念叨着仲威平对孩子们的好一样，仲威平也总是念叨着学生和家长对她的好。

"老师……哦不，奶奶！"谢影想跟奶奶说话，却误叫成了"老师"。对于这样的口误，谢奶奶早已习以为常。因为儿子、女儿以及两个孙女谢影和谢雯雯都曾是仲威平的学生，给谢奶奶讲过太多仲威平的故事，她成了兰河村里最了解、最心疼仲威平的人。

"每次听孩子们说仲老师中午又一个人在教室里啃馒头了，我们都不忍心。我常让谢影叫仲老师来家里吃饭，可她从来都不答应。"谢奶奶说，"这么多年，她为这些孩子操碎了心，来家吃口饭算什么呀！"

谢影和谢雯雯一直跟奶奶生活在一起，是仲威平班里最懂事的孩子，去年刚升入初中。在兰河小学读书时，她们心疼仲老师，默默地帮她分担，有时早晨提前到校打扫卫生，有时帮低年级的孩子复习功课，有时偷偷在仲威平的抽屉里放两个咸鸭蛋……

一次下大雨，仲威平到学校时，车筐里的馒头已经被雨水泡烂。中午送走学生，她喝了些凉开水，就开始批改作业。"老师，我奶奶给您烙了两张大油饼，还煮了两个咸鸡蛋。"谢影和谢雯雯突然披着雨衣跑进教室，把一个包袱放在办公桌上，"您赶快吃吧！我们回家吃饭了。"仲威平还没反应过来，她们已经跑出了教室。打开包袱，看着热气腾腾的大油饼，她热泪盈眶。

20多年来，仲威平教过的学生不足百人，但她仍然觉得收获了很多。除了学生和乡亲们给她的爱，学生们的成长也让她自豪。学生孙德利德国学习归来后告诉她："我现在也在像您一样捐助失学儿童。"考上哈尔滨师范大学的董文涛经常说："我也要做一名优秀的人民教师。"仲威平说，哪怕只有一个学生出息了，也会感到幸福。

多想给儿子补上那一课

仲威平的家就在工农乡新一村。新一村被当地人称为"头屯",因为是乡里距离市区最近的一个村。而兰河村则被叫作"三屯",距离市区十几公里。

仲威平从小在新一村长大,由于工作原因,结婚后一直住在父母的老房子里。走进她的家里,顿时会有回到20世纪五六十年代的感觉:这么多年,家里几乎没有添置过新家具,依然保持着父母当年的布置和摆设。房间里大红色的木柜、淡绿色的饭桌和凳子都是父母当年结婚时的家具。粗糙的墙壁上挂着4个镶着红边的大镜子。镜子中间还印有"毛主席语录"的红色字样。

镜子上别着一张已经泛黄的照片,一个梳着麻花辫的姑娘被绿叶和红花围在中间。这张照片摄于1987年仲威平到兰河小学报到的那天,当时她只有18岁。从报到那天开始,仲威平就再也没有离开过兰河小学。

结婚后,丈夫把家里的大事小事都承担了起来。他说仲威平是"五多一少"老师——"走路最多,讲话最多,课时最多,教材最多,备课最多,学生最少"。同为教师,他能够理解妻子20多年来起早贪黑、顶风冒雨去给孩子们上课的初衷,明白一个教师对每个学生的不离不弃。所以,虽然心疼妻子,但他从未阻止过她作出这样的选择,而是在家事上更多地替妻子分担,让妻子在家里享福。

每天早晨,他4点钟起床给仲威平做早餐;晚上仲威平一到家,他就马上将准备好的晚饭端上桌;睡觉前,他会将烧好的洗脚水准时送到仲威平的脚下……丈夫贴心的照料,更让她内疚:"我最对不起我的家人,连一顿像样的饭菜都没给他们做过。"

仲威平的母亲患有严重的糖尿病和心脏病。2007年夏天的一个早晨,老人突然对女儿说:"今天你别上班了,在家陪陪我,我快不行了。"

她以为老人像平日一样不舒服，吃点儿药就会缓解。"吃点药吧！过几天我就放暑假了，到时天天陪您。"说完，抑制不住的难过涌上心头，她几次回头看了看母亲，含着泪走出了家门。

她没想到，这竟是最后的几眼。上第二节课时，仲威平看到窗外骑车赶来的亲戚，一切都明白了。她失声痛哭，骑上车疯了一样赶回家。但是到家门口时，灵棚正在院中搭起，她完全认不出那是自己住了几十年的家。

这几年，放假在家的时候，仲威平喜欢翻翻相册，独自一人回忆当年和家人一起生活的日子。然而，相册中出现最多的照片是她与学生们的合影，跟家人的却没有几张。"每年都跟学生照相，但没有一张和儿子的合影。"这也是她一直以来的遗憾。

仲威平对儿子愧疚，不仅仅是因为合影太少。两年前，儿子以6分之差没能考上理想的大学，只考上了电大。她追悔莫及，总觉得自己对不起儿子。"如果能多关心他一点，让他多考6分，仅仅是6分啊！"

她期待着能有机会为儿子补上那一课，但却发现那一课已经永远补不回来了。她曾恳求儿子原谅："妈妈的心里不是没有你，只是太多太多贫苦的孩子也装在妈妈的心里。"

《中国教育报》2011年6月5日

12 吕型伟：在教育世界里活了两辈子

本报记者·沈祖芸

编者按

著名教育家吕型伟，被誉为我国基础教育的"活化石"，引领了一个时期的中国基础教育。他参与了对旧教育的接管、整顿、改造和社会主义教育的初创、探索。改革开放后，中国基础教育一些重大改革反映出的教育理念中都有他的思想。离休后，他在更大范围内开展教育实践和理论研究。他亲历了中国 20 世纪前半期的教育，参与了新中国基础教育改革与发展的全过程。

7 月 17 日，上海华东医院。著名教育家，原上海市教育局党组成员、副局长吕型伟完成了他来到这个世界的所有使命，安静地离开了，享年 95 岁。

获悉吕型伟过世的消息，上海市教委巡视员尹后庆十分悲痛，当年吕老提携后生的情形又一幕幕地出现在眼前。他饱含深情地写下了这样一段缅怀吕老的文字："他是一位把人格魅力、生命感悟和精神追求完臻地糅合成教育睿智的世纪老人。从独自撑起一所乡村学校到运筹跨越世纪的教育变革，他始终在宽广的现实背景和历史跨度中，用思想引领实践，用行动把握未来。"

吕老是一位豁达宽广的人。在他的晚年生活中，每每精神矍铄地出现在大家面前，并思路敏捷地引领着教育前行方向的时候，大家都会感慨：一位耄耋老人的思想为何如此前沿？而吕老也总是风趣地回答大家："我是拥有两次生命的人，70 多岁时突发脑溢血后，医生从我的脑袋里'放了血'，被'洗了脑'之后的我出现了一连串的'新现象'，黑头发长出来了，老花眼不见了，吃得下、睡得着，仿佛回到了年轻时代。"话音刚落，全场掌声，大家在感佩中寄托着无限祝福："愿您在教育的世界里，精彩活上两辈子"。

传奇的教育人生

1918年，吕型伟出生于浙江省新昌县大明市镇藕岸村，父亲早早去世，靠母亲一人维持生计。但这位乡下母亲却非常有眼光、有见识，她咬紧牙关也要供孩子读书。

8岁，吕型伟入小学；13岁，考取了浙江省新昌中学。他从小就喜欢阅读，读中学时，校长见他喜欢读书，干脆就把学校图书馆交其管理。于是，他几乎是在图书馆里度过了自己的中学生涯。

"那时，我们不想考高中，我们想到苏联去。1935年看到邹韬奋写的《萍踪寄语》，我一看，世界上还有那么一个好地方，三个人说好了，找个工作筹点钱，从新昌步行到苏联去。于是我去办了一个小学，那时我17岁。"

17岁的吕型伟才初中毕业，就只身一人来到白岩村的山沟里，经过挨家挨户地上门宣传，居然招到了81个学生，借了一座破庙作校舍，办起了白岩小学。学生最小6岁，最大的18岁，比吕型伟这个当老师的还大。吕型伟说："是我办的，我就当上了校长，但是这个校长是没人可以领导的，就是我一个人，校长我当，教师也是我当，烧饭也自己烧，打铃也自己打，就是这样一个大校长。"

一年以后，吕型伟终于明白走路去苏联的想法是幼稚的，而且感觉自己这个娃娃校长当得也不太像样，于是有了进一步求学的念头，但教育救国的思想却深深地扎下了根。

"我的经历中唯一与众不同的一点，就是先当校长，后当教师。"1946

年吕型伟大学毕业,来到了上海,他在地下党开办的省吾中学教书,并加入了共产党。

上海解放后的第三天,吕型伟奉命与教育家段立佩一起去接管国民党势力很强的市东中学。当时,全市有26所公立学校,其中市东中学的政治情况最复杂。校长姜梦麟是国民党上海市三青团的头面人物,每天坐着黑色汽车威风凛凛地出入学校,保镖带着手枪跟在后面。

后来,姜梦麟投降,但国民党不少骨干分子依然隐藏在师生中伺机作乱。6月30日,段立佩、吕型伟正式上任,接管大会开得很顺利,那天吕型伟穿了一套西装,坐在底下的师生都很诧异,为什么共产党派来的校长没穿军装呢?谁承想眼前这位校长可是从浙江大学师范学院毕业的高材生,年仅30岁的吕型伟早在13年前就当上了校长,只不过那时是自封的,现在可是陈毅市长任命的。

当进步力量逐渐控制了局面之后,就开始公开建团、建党,要求进步的学生越来越多,上海的中学中最难攻克的国民党堡垒被完全攻克,获得了新生。

20世纪50年代是个激情燃烧的岁月,吕型伟没日没夜地搞教改,抓质量,亲自上课示范。当时因为学校容量有限,为了让更多的劳动人民子女上学,吕型伟费尽心思,创造了一种"三班两教室"的办学模式,就是用30个教室招收45个班级的学生。每个学生一周有两天全天上课,另有4天是半天上课半天活动,这样既能用足校舍,又能保证教育质量。结果这一做法迅速在全市推广,全市在不增加校舍的情况下,多招收了近三分之一的学生。吕型伟在市东中学当了7年校长,使这所学校成为上海教育改革的一面旗帜。

吕型伟回忆说:"我的学生统计起来大概上万吧,有两点:第一,我还没发现在'文化大革命'中上蹿下跳的学生;第二,到现在为止,我还没发现成为腐败分子的。我培养的学生基本能做到堂堂正正做人、实实在在做事。"

当校长出了名的吕型伟1956年起被调到上海市教育局,做市教研室主任、普教处处长,一直到副局长。有人替吕型伟打抱不平,这么有才干的他为什么官没有做得更大些?有人说他生不逢时,因为"文化大革命"结束时吕型伟已60岁了,也有人说他个性太强,得罪了不少人。吕型伟自己却说,20世纪六七十年代的一把手都在抓政治运动,我倒是有机会一直在搞教育改革,这反而好,我首先是个教育工作者,而不是官员。他深入基层培养教师,手把手地辅导他们,像于漪、高润华、袁榕、倪谷音等这些全国著名的教师、校长,都是吕型伟发现并一手培养起来的。

吕型伟常说:"我这个人喜欢动,在位的时候也喜欢往下跑,办公室不太坐的,走到哪里讲到哪里,在大大小小会议上讲话,人家也喜欢我讲,讲真话、实话,不讲官话、套话,讲的都是业务上的事,所以我觉得我是个业务干部,不是政治干部。"

吕型伟喜欢说话,忍不住就要表态,他说话有人爱听,也有人不太爱听,因为他常语出惊人。他常说:"人云亦云不云,老生常谈不谈。否则怎么出思想、出人才?"

"文化大革命"结束以后,中国教育迎来拨乱反正的"春天",百废待兴。1978年冬,吕型伟以中国教育国际交流协会副会长的身份到法国访问,之后接连去了日本、美国考察。国外先进的教育教学理论和技术拓宽了吕型伟的眼界与思路,他把课堂教学称为传播知识的第一渠道,将课堂教学以外的信息渠道称为第二渠道,提出二者应该并重,于1983年发表一篇题为"改革第一渠道,发展第二渠道,建立两个渠道并重的教学体系"的文章。

文章发表后,引起了轩然大波。从上海市到教育部,不少教育界的领导公开表示反对。吕型伟又写了一篇《再论两个渠道》,寄给了教育部主管的理论杂志《教育研究》。主编拿到文章,不敢做主,请示刊物主办单位中央教科所的所长。所长看了后说:"老吕是中国教育学会副会长,我也是副会长,我没有资格审查他的文章。"主编只得又将文章送给分管刊物的教育部副部长，副部长觉得文章没有错，但不便表态。绕了一大圈，最后主编狠狠心：发！文章一发表，立即引来一番争论。

当时，从黑龙江到海南岛，学生念的是一样的教材，考的是一样的题，叫作"一纲一本"，下面无权改动。吕型伟觉得，中国各地发展极不平衡，用同样的课程和教材来教，又用同样的考题来选拔，显然不科学。当时他担任全国教育部课程教材审定委员会委员，在一次讨论全国课程教材的会上，他正式提出了"多纲多本"的主张，当场就有人反对。他坚持自己的观点，据理力争。最后达成妥协：搞"一纲多本"，即教育部制定统一大纲，在大纲指导下可以编多种教材。

但新的问题又来了，教材可以自己编，但高考还是全国命题。如此，新教材怎么编？编了谁敢用？吕型伟为上海教育作出的另一大贡献就是在20世纪80年代想方设法争取到了上海高考自主考试权。到2002年，上海获得高考独立命题权17年之后，北京也加入了高考自主命题的行列。至2006年高考，全国共有16个省市试行自主命题，占据全国省份的半壁江山，"全国一张卷"的局面被彻底打破。吕型伟敢为人先、敢于探索的精神，在中国教育界有口皆碑，正是其开放且包容的胸怀，刚毅且敢于承担责任的勇气，有力地促进了上海乃至全国教育的发展，可以说上海的教育史铭刻着吕型伟浓厚的个人印记。

前沿的思想高地

虽然这位人称当代基础教育"活化石"的老人，早在20年前就离休了，但吕型伟仍一直活跃在中国基础教育的阵地上，更重要的是他始终在思考着中国基础教育何去何从的问题。

吕老对教育的研究是从研究蚂蚁开始的。

他从小就喜欢研究蚂蚁，后来从事教育工作，就开始观察和研究人的特性了。蚂蚁当然不能与人相提并论，但蚂蚁很聪明，它同人类一样，是一种组织严密的社会化动物。作为教育工作者，研究对象就是自称为万物之灵但又未脱动物共性的人。人类一贯妄自尊大，不愿意把自己同小动物混为一谈，但往往被自己营造的光环所迷惑，使教育步入歧途。比如当前的独生子女现象，家长们认为他们的孩子个个都是天才，长大都能当总统。但如果我们能还人类特别是儿童一个本来面目，我们也许会更客观、更理智地认识儿童，从而使教育工作更符合客观规律，更有实效。

他说，科学和技术的发展使教育正面临重大而深刻的复苏。一种崭新的教育将在世界诞生，从而取代产生于工业时代一直沿用至今的教育模式。这种新教育模式将建立在两个全新的基础之上，其一是信息技术，其二是脑科学。一个是教育的物质基础与外部条件；一个是人类对自身的发现，可以说是内部条件。两者结合，将使教育产生一个飞跃，最终使人的潜能得到极大开发。

他认为，人们只知道有金矿、银矿，却不知道还有一个深不可测的、比金银更宝贵的"脑矿"。21世纪教育的最高目标就是使"脑矿"得到最有效、最充分的开发。人脑有140亿个神经元、9000万个辅助细胞，能储存1000万亿信息单位，相当于5亿册图书。显然，这个矿目前远未得到开发。人除了大脑，还有一双被科学家称为"第二大脑"的手。就是这两个器官，使人类与其他动物拉开了差距，值得好好研究。

当谈到未来教育发展问题的时候，吕老最担心的总是德育问题。

他有这样一段话让人印象深刻："现在是地球变暖了，人心变冷了。德育是未来教育的最大难题，这不只是我一个人的担心，因为这是个国际性的问题。如今人类可以享受科技带来的成果，可以让飞天不再是梦想，可以克隆自己的生命，但是有一个问题无法解决，那就是德育。目前人类的道德不是在进步，而是在滑坡。作为一个教育工作者，我总是想我们的教育成果到哪里去了？"

他认为，十几年来，我们的德育工作效果不明显，主要原因是德育工作者观念保守，对道德内涵的理解太狭隘，而且充满功利主义思想，忽视了有深厚积淀的人文精神基础；方法简单，形式主义与浮躁现象充斥，满足于短期效益。

他风趣地打着比方：你们见过农村田地里用的薄膜吧！外面天寒地冻，里面温暖如春，薄膜为农作物创造了适宜的生长环境。德育工作也是一样，要给孩子创造适宜的好环境，要营造人才成长的小气候。可以从一个人、一个家庭、一个学校、一个社区入手，营造一个优良的小环境，就像大棚一样，让"小气候起大作用"。

近年来，吕老一直在思考创新的问题。他说，在改革与发展的大潮中形式主义与浮躁的现象相当严重，我称之为浮肿病与多动症，口号不断翻新、模式层出不穷，仔细去检查一下，除了向你展现那一点形象工程以外，大都是文字游戏，其实一切照旧。我也曾说过这一场教育改革如果最终失败的话，原因大概就出自上面讲的两种病。病因是多样的，有的是为了出名，有的是出于无知，好像田径运动员，不知道世界纪录是多少，却自吹自己破了世界纪录，岂不要让行家笑话？

基于这样的忧思，他向时任上海市教科院副院长顾泠沅建议，希望参与教育部重点课题"面向未来的基础学校研究"课题组的同志要学习一点教育史，主要是教育思想史，特别是有代表性的人物及其代表作。

他常常感慨地说："我虽然也努力学习教育理论，也努力在第一线实践，并力图有所创新，但现在回过头看，真正创新的、超越前人的几乎没有，我只是不停地学习、实践、探索，在传统派与现代派之间摇摆，如此而已。我深感进入信息时代与脑科学时代，教育肯定会有重大突破，从理论到实践都会有所突破，可我已没有机会了，只能把希望寄托在你们这一代，希望你们：第一要学习，要站在巨人的肩膀上；第二要实践，要自己去办学；第三要多调查，多到处看看；第四要关心社会的变革与其他科学的发展，教育思想常常出在教育以外。"

无尽的生命延续

一个教育工作者最大的生命价值是什么？就是他的思想在影响着一代又一代的后辈晚生，就是他的生命在更多有理想、有抱负的人们身上延续。吕老就是这样一位令人高山仰止，却又永远让人去学习和追随的教育家。

在吕老晚年，他将自己横跨5个"五年计划"的教育部重点课题"面向未来的基础学校研究"交到了顾泠沅手中。顾泠沅感受到的是一份沉甸甸的责任感和使命感，他不敢懈怠地继续前行。

说起吕老对他的影响，这位上海教育功臣动容了。

其一，堂堂正正做人，实实在在做事。吕老强调人的自主创造精神，认为不能在物欲和规范之间，泯灭了人的创造与个性。我曾经问过吕老这样一句话："你有过仇人吗？"他说："没有。"我知道，他在"文化大革命"中也有过委屈，但他付之一笑。吕老为人为学的指标，可谓"和而不同，为而不争，宠辱不惊"。

其二，把教育事业和做学问联系在一起。当前的教师队伍，吕老的评价是"三有三少"："有专业，少文化；有学科，少功底；有责任，少魅力"。在中国教育发展的节骨眼上，吕老都有自己的说法，疾风所至，锐不可当。早在20世纪80年代，就提出"开发潜能，发展个性，教育社会化"的主张。针对教育界的形式主义与表面文章，吕老形象地指出"浮夸、浮躁、浮肿"。对一些所谓素质教育的做法，吕老讥之为"多动症"，提出"基础教育必须返璞归真"的主张。他的文章不长，但都是干货。面对新世纪的中国教育，他指出其三个方面的症结——"应试至上；道德危机；人才出不了"。他在教育部会议上语惊四座："发展是硬道理，但硬道理也得讲道理不是？"吕老不赞成教改上搞"一刀切"，他认为，"学校教改应该是多样化的、原创的、立足自身的"。他主张不规定路线图，提倡"摸着石头过河"，不赞成盲目跟风。

其三，读书与云游。吕老做学问和我们不一样。两个特点：一读书，二云游。看很多书，野书和闲书，广读博览。80 岁以后，仍然把读书看作人生的第一乐趣。吕老读书，并不拘泥于教育，从经济到文艺，广泛涉猎，寻找教育灵感。他说："校长要具有教育思想，功夫在教育学之外。"前些时间，吕老还在研读两本书，还在思索如何从教育制度的视角去分析学生为什么缺乏创造力。

其四，豁达乐观的胸怀。在吕老 90 岁高龄时，医生不允许他出来，但他还是喜欢去学校。关于他的长寿，吕老有段诙谐的说法："为什么长寿？第一是睡过棺材；第二是开过颅。"当年在安徽搞土改，没地方睡觉，吕老是在一口棺材里睡过觉的。睡过了，就不怕了。前几年，吕老曾经做过一次脑外科手术，脑袋上凿了一个筷子眼大的小洞，手术很成功。关于中国教育改革，吕老认为，教育是一个"不确定系统"，提出"摸着石头过河"。然后说："摸着石头过河，那么，石头在哪里呢？"他用风趣幽默的话语提出了最关键的问题。回答别人提问的时候，吕老用这样的三句话来概括自己的一生："我做过一些有益的事；我做过不少蠢事，一些错事；我还在探索。"吕老说的探索，不是空话，他研究教育史，注意到了教育史上的"钟摆现象"，找出了几组核心的矛盾，给出自己的结论——"在四对矛盾之中，寻找中间地带"。

顾泠沅的感悟代表了很多教育工作者的心声：吕老的为人为学，意境深远，理论恢宏。继往不守成，创新有所本，一个有生命的思想在延续，生生不息。

《中国教育报》2012 年 7 月 20 日

13 "干教育是个良心活儿"
——追记河南省郸城县秋渠一中校长张伟

本报记者·李见新

编者按

"三尺讲台安身立命，一腔挚爱播地洒天。"简易肃穆的悼念棚前，一副只有16个字的挽联，浓缩了张伟20年的教师人生。1994年，大学毕业后，张伟主动放弃在县城工作的机会，回到自己的老家秋渠乡，在秋渠一中当了一名普通教师。2003年，张伟担任秋渠一中校长，不断深化课堂教学改革，促使秋渠一中教育质量"脱胎换骨"。

早春的郸城，乍暖还寒。偶尔一阵轻风掠过，仿佛在擦拭着人们的眼泪。

3月20日上午9点，在河南省周口市郸城县秋渠乡南街村一处破旧的小院里，一场简单的追悼仪式正在举行。

爱戴他的学生来了，以前的同学来了，学校的同事来了，教育部门的领导来了，当地的政府官员来了，十里八村的乡亲们也来了，数千人的送别队伍，从院内的悼念棚前一直延伸到院外，每一个人都眼含泪水深情地送别他——秋渠一中校长张伟。

生命的最后一刻，他仍在践行焦裕禄精神

"张伟校长，张伟同志，张伟好兄弟：如果不是站在你的遗像前，如果不是这么多领导和亲朋好友来送你，我还是不相信你已经离开我们……"追悼仪式上，作为患难与共20余

年的"战友",秋渠乡中心校校长朱全好一边擦泪一边动情地回忆着自己与张伟相处的点点滴滴。

"他正年轻,怎么说走就走了呢?他对谁都好,村里人都知道!"今年74岁的李秀兰老人,看着张伟从小长大,她流着泪反复说着这两句话。

"要不是参加张校长的追悼会,很多人不会想到,他的家离学校只有200多米,他却11年吃住在校。"秋渠一中德育主任刘锦华说。

"上周一下午第三节课后,张校长路过同事的办公桌,一边仔细询问工作情况,一边开玩笑地说:'我这里还有点铁观音,你们喝不喝?如果不喝可就没有了啊。'他那天还在这儿的,就在这啊……"说着说着,秋渠一中九年级化学教师韩新愿号啕大哭。

"张校长,您怎么就走了呢?我们离不开您啊……"学生们的哭泣声此起彼伏,声声呼唤令人动容。

……

3月17日晚上,张伟最后一次到教学楼检查完学生晚自习,在办公室准备当晚召开的校班子会材料时,突然脑干出血,倒在办公桌前,再也没能醒来。

"如果不是高强度地连续工作,张校长也许不会离开,他是累倒在工作岗位上的啊!"当晚陪同张伟检查的校党支部副书记张洪涛哽咽着说。

其实,去年张伟就被检查出高血压、高血脂,但他并没有放在心上。张伟的同学吴光远告诉记者:"有一次同学聚会,我劝他说,都过40岁的人了,犯不着拼命干工作。可是张伟却不这么想,他说:'干教育是个良心活儿,人家把孩子、把下一代交给咱了,咱得对得起自己的良心、对得起孩子和家长!'"

3月20日下午,记者走进张伟的办公室,办公桌上摆放着的工作日志,详细记载着当天的各项工作:"3月17日,教师例会。一、做好月考准备工作;二、各班做好'学雷锋、见行动,从我做起'演讲工作;三、加强学生纪律教育……"

在这一页工作日志下方,一行苍劲有力的笔迹特别醒目:"焦裕禄精神,习近平概括为亲民爱民、艰苦奋斗、科学求实、迎难而上、无私奉献。"这一天,中共中央总书记、国家主席、中央军委主席习近平赴河南省兰考县调研指导党的群众路线教育实践活动。

"张伟在生前的最后一天,还在学习焦裕禄精神,其实,这也正是他人生精神的真实写照。郸城县党的群众路线教育实践活动领导小组已经下发通知,要求全县党员干部在党的群众路线教育实践活动中,深入学习张伟同志先进事迹,切实让榜样力量发挥示范引领作用,成为推动全县各项事业改革发展的巨大精神力量。"郸城县教体局局长刘现营说。

夜以继日,殚精竭虑,濒临关门的学校成了"名校"

张伟出生在一个贫寒的农村家庭,高考结束后,勤奋好学的他考出了全校应届班第一名的好成绩,但他义无反顾地报考了周口师专中文系。1994年,大学毕业后,张伟又主动放弃在县城工作的机会,回到自己的老家秋渠乡,在秋渠一中当了一名普通教师。

2003年,张伟担任秋渠一中校长。当时的秋渠一中,校园泥路坑洼不平,校舍简陋。尤其是教育质量,连续三年位居全县后三名,生源流失严重,全校只有300多人,本来数量就不足的教师都在想方设法要求调走。

面对濒临关门的学校,临危受命的张伟发誓:"我一定要把秋渠一中办成全县最好的学校!"于是,在接下来的4000多个日夜里,张伟夜以继日、殚精竭虑,在充满荆棘的办学道路上艰难跋涉。

校舍简陋,他积极奔走呼告,向上级争取建设资金;校园道路不平,他亲自带领师生利用课余时间搬来旧砖铺平路面。"张校长没一点儿架子,干什么活儿都亲自带头。当年我们搬砖铺校园时,他总是跑得最快、搬得最多。"回忆起往事,目前在郸城三高高三年级就读的韩晨仍历历在目。

然而,相对于校舍的改变,教育质量的提高更难。为了啃下这块"硬骨头"，张伟首先从领导班子和教师队伍上下功夫，调动教师的积极性。

在班子建设方面，秋渠一中坚持每周开一次业务学习会，提高管理水平；每月开一次民主生活会，开展批评和自我批评，查找工作中的不足，既团结了干部，又推进了工作。在教师队伍建设上，学校从师德教育入手，调动了教师干事创业的积极性，涌现出一大批优秀教师。

促使秋渠一中教育质量"脱胎换骨"的另一个"法宝"是深化课堂教学改革。"学校成立了业务小组，集体备课、评课、赛课，全面抓好'高效课堂'，提高教师驾驭课堂的能力。同时，张伟还带领班子成员和业务骨干，深入省内外教育质量较高的学校听课、座谈，虚心请教，并把所学逐步转化为符合学校实际的有效管理办法。"秋渠一中副校长刘华说。

11年的心血没有白费，学校办学条件明显改善，优秀教师团队逐渐形成，省市县级师德模范不断涌现，教育教学质量迅速攀升，学生人数不断增加。"现在，在校生已经达到1100多人，每学期都有10多所学校慕名前来参观学习。学校出名了，张校长却走了……"刘华痛心地说。

婉拒20万元高薪，家里最值钱的是一套布沙发

3月20日下午，记者先后来到张伟的两个"家"——秋渠乡南街村的"家"和学校食堂二楼的两小间不足20平方米的"家"。

在南街村的"家"中，由于常年无人居住，四间瓦房里除了一个破柜子和几袋杂物外，再也看不到任何东西，顶棚更是破烂不堪。在学校食堂二楼的"家"中，只有一张床、一张旧桌子、一个布衣柜、一台旧电视机和一套三年前花740元购买的布沙发。"这间屋子冬冷夏热，有时下雨还会漏水，屋外简单垒起的小棚子就是张校长家的简易厨房。"学校一位后勤教师说。

客厅里，张伟的妻子韩春英身体斜倒在沙发边，悲痛地告诉记者："自从他当了校长后，我们全家就搬到学校住，到现在我们也没有自己的房

子。但我什么都不要,我只想他好好地活着……"

张伟家庭贫寒,父亲五年前去世,留下一笔医疗费债务;他的母亲去年乳腺癌刚做过手术,妻子小学文化在家务农,一双儿女分别在高中、初中求学。张伟每月2000多元的工资是全家的"经济支柱"。为缓解家庭经济紧张的局面,每天早上四五点钟,韩春英就来到学校厨房,帮助洗菜、切菜,每月工资800元。她还用煤球炉在家里负责给全校教师烧水送水,一年的工资是2000元。

张伟当上校长后,妻子希望能够涨点儿工资,被他拒绝。"我当校长哩,你咋能搞这个特殊?"韩春英流着眼泪回忆说。至今,韩春英的工资一分钱也没涨,而这两份工作,她已经坚持了15年。

尽管家庭经济十分紧张,但哪个同事手头紧,张伟却总是毫不犹豫地掏出几百元钱,他还资助了好几名贫困学生。

3月20日,从网上看到张伟去世的消息后,郑州科技学院2013级应用电子专业学生单秋香,专门请假赶回母校送别自己的老师。"张校长当时教历史课,他上课生动有趣,我们都爱听。我初三毕业考上职专后,上不起学,他还给我拿了几百元学费。"

把一所薄弱校办成了"名校",张伟成了当地的"名人",不断有民办学校或企业出高薪向张伟伸出"橄榄枝"。

2012年暑假的一天,张伟来到朱全好办公室说:"有一所民办高中跟我说了三个月了,聘请我担任教务主任,年薪20万元,并安排家属在后勤岗位工作。如果考虑家庭情况我应该去,可我真不忍心离开秋渠。我该怎么办?"

"按工作、按对家乡教育做贡献,你不能走;但按你的家庭实际情况和孩子的发展,你应该去。你慎重选择吧,因为你常说,'人的幸福不仅仅是通过金钱来衡量和体现的'。"朱全好说。

然而暑假开学后,张伟又出现在秋渠一中的校园里,他舍不得离开一草一木、一砖一瓦都浸透着自己心血和汗水的秋渠一中。

结婚 19 年，带妻子坐一次火车的愿望成为遗愿

3月17日，张伟生命的最后一天。上午10点参加完学校中招备考会后，他在教师"汉字工程"每周展板上工工整整写下了一行粉笔字，这也是他最后一次给全校师生留言："胜利的时候不要忘却从前，失败的时候不要忘记还有将来。"

"连续三年，学校中招平均分位居全县初中第一，综合量化考核居全县前三名。今年的中招考试在即，张校长是在鼓励全校师生，2014年中招要继续考出好成绩。"3月20日，站在"汉字工程"展板前，郸城县教体局人事股股长于广锋指着那行隽秀的粉笔字悲痛地说。

朱全好告诉记者，担任校长11年，张伟时刻心系学生的学习、食宿和安全。我们在一起时，他总对我说："我习惯在校园里，有时出去开会或学习，哪怕是一天、半天，身在外地心却总是在学校。"

"无论是平时还是假期，张校长基本上没有离开过校园。有时出差晚上回来晚，他怕影响我休息，就自己用钥匙轻轻打开大门。"看守学校大门的卫钱立老人说。

2012年，秋渠乡作为郸城县唯一的乡镇代表，接受全省教育先进县创建验收，而秋渠一中则成为教育先进县创建工作的关键。虽然要在短短的三个月时间内完成任务，但张伟依然接受了"只能成功，不能失败"的"军令状"。面对教师们的质疑和埋怨，张伟却笑着说："这世上没有秋渠一中人过不去的火焰山。"在那段日子，值班巡夜的教师每天深夜都会发现，校长办公室的灯一直亮着。验收成功后，张伟整整睡了一天一夜没有起床。

把青春献给钟爱的教育事业，他无怨无悔，对教育的痴情，使他忘记了家庭，疏忽了亲情。张伟父亲去世时，正赶上星期日，第二天他就强忍悲痛站在了讲台上。

"张校长对我影响最大。"秋渠二中校长刘中华曾经与张伟做同事12年。在张伟的影响和培养下,刘中华先后在秋渠一中任政教主任、副校长,2012年到秋渠二中担任校长。"在张伟身上,我看到最多的是一名教师对教育事业的挚爱和对学生的仁爱之心,这种爱20年来一直没有改变。"

"我很幸运,遇到了张伟这个好校长。"秋渠一中教师王增禄说。由于家庭情况不好,他一直没有找到合适的对象,是张伟忙前忙后为他介绍对象。王增禄结婚后,张伟又想法设法把他的爱人调到秋渠一中任课,夫妻俩得以团聚。

"他就是这样,谁家的孩子没办户口,哪个小伙子还没找对象,谁最近身体不舒服,哪个班的孩子家境贫寒、个性偏强,他都一一记着。心中总是想着大家,唯独没有想到自己。"刘华说。

很多人都说张伟很"傻":废寝忘食扑在学校里,家庭妻儿都顾不上,每个月拿如此微薄的工资,无车无房,家徒四壁,"不知道他图什么"。虽然嘴上这么说,但他们心里却是满满的叹服。因为他们都知道,如果不是11年前张伟的临危受命,还不知道现在的秋渠一中会是什么样子。

"我今年都44岁了,连一次火车也没坐过。结婚19年了,我们也从没有出去旅游过。我知道家里条件差,出去一次够孩子半年的生活费。前段时间张伟说,无论如何,等女儿今年高考结束,他一定带着全家出去旅游一次,也圆一下我想坐火车的梦想。可是……"说着说着,韩春英站着的身体像要倒下来,身边的亲戚赶紧搀扶起她……

《中国教育报》2014年3月26日

14 于平常之中显非常之功
——记潍坊新华中学校长付霆

于英

编者按 学校无大事,坚持把平常事做实了,就会不平常。作为当地颇有名气的一所初中校的校长,付霆很少在外显山露水,而是把大部分时间都放在学校里。身为校长,他对自己的角色自有一番定位:把工作尽量往细致处想周全,然后全力以赴地去做扎实。

近些年,作为教育改革前沿的潍坊市,一直在教育的难点与痛点上不断改革探索,而每项决策能否落地、从哪里撬动,都需要在实践中找到依据和佐证。

随着改革不断向前推进,决策者们逐渐发现了一个令人兴奋的现象:不少诸如师德考核、学生综合素质评价、如何减负等棘手问题,都能在新华中学找到思路和破解方法。仅三年时间,教育局在全市中小学就转发过新华中学的改革做法十几次。也因此,付霆有了一个敢碰硬、爱琢磨事、善化解改革难题的校长的称号。

作业负担零投诉,背后的奥秘在哪儿

减负是个老话题,也是道棘手的难题,如何破冰需要决心,更需要智慧。六七年前,付霆就带着他的团队一起研究如何做到真正减负。

有一天,付霆意外接到教育局打来的电话,希望学校能够总结一下有效减负的做法。原来，市教育局在进行学生作业负担过重问题调研时发现，有一所学校竟然几年没有收到过家长的投诉，这所学校就是新华中学。

"教育如果变成依赖题海取胜的简单行为，无疑是一种偏离。要减负，就要剔除布置作业的随意性，赋予学生、家长选择权与监督权。"引发付霆深入思考的，是一次学校实地调查。

有一年寒假，新华中学将学生各科作业汇总，准备印制成《学生寒假生活指导》。当所有作业汇集起来时，教师们无语了：这么多作业压到学生头上，他们怎么可能有心情体验假期生活，哪还有时间参加社会实践？

这事儿让付霆很痛心，他态度坚决地提出：学校必须规范作业布置，还学生应有的成长空间。

在不断统一教师思想的过程中，新华中学找到了一条让学生书包变轻的途径：日常作业布置，由备课组研究教学内容后设计出课时作业，把好第一关；教学处对年级作业进行汇总调控，把好第二关；各教学处将作业汇总报教导处审核，过第三关；最后，教导处在学校网站公示每周学习计划和作业指导。学生完成必做作业后，有余力的学生可选择选做作业和指导性作业。同时，班级将当天作业信息发给有需要的家长，以便了解与监督。学校还规定，调控学科作业密度，学生有权拒做学习计划和作业指导之外的练习；同时提高学生社会实践与陶冶情操方面的活动参与度，增加对休闲与健康、实践活动、科普发明等方面的引领与指导。

作业管理规范了，是否意味着减负目标的达成？付霆认为，仅在作业管理上用力是不够的，重要的是教师要把追求高效课堂作为一种习惯与自觉。

如何实现课堂高效？新华中学实行的策略是"无为而治"。在新华，没有所谓的模式化课堂，不强调学科教学的统一流程。"只要学生喜欢，教师感到实用，就是最好的模式。"教导处主任刘敏英介绍，"柔性的动态质量监测机制，使得教师在学习内容、方法、习题设置的研究上，提前下足了功夫。"

新华中学很少查教师备课,而是通过学生作业的完成与教师批改情况以评促教;对要求开齐的课程,不直接查验,而是以检测、开卷考试、展示等形式对学生进行综合评价。

教师们说,在我们学校,感受不到刚性制度的约束,但又处处会在学生身上看到自己的工作成效,谁也不愿落在后面,只有不断努力提高效率。

以明晰的制度流程调控、赋予学生与家长应有的权利、提升教师的核心素养,宽严相济间,新华中学让学生获得了自由呼吸的空间。

开门办学,把对立变成合力

现如今,家校之间产生误会摩擦、收到始料不及的投诉,是校长们头疼不已的问题之一。如何规避和预防,大家都在寻找有效路径。新华中学在这方面也有高着儿:"打开校门办学,听到家长的心声,知道学生的感受,这是最重要的。"

近几年,潍坊市教育局一直实行随机抽取家长名单,对学校进行满意度测评。在测评过程中,新华中学已连续三年获得区初中组第一。对这个不发奖杯的评价,付霆很是看重,因为在他心里,金杯银杯,不如老百姓的口碑。

新华中学的办学是如何做到令家长满意的呢?他们的做法是:打破家长只与班主任沟通的局限,开通多个沟通渠道——公开校长、管理干部、班主任、任课教师的电话,让学生、家长听到学校的声音,听到校长的声音;设校长信箱、开通校长邮箱,一些不好当面交流的问题,可以用书信的形式表达;周三设校长接待日,倾听家长的意见与建议,调动其参与学校管理的热情。

这些把办学置于公众面前的举动,还真为付霆和学校带来过不少"麻烦"。

2011年10月27日，付霆收到一条手机短信，有家长反映孩子在学校丢了自行车零件。付霆马上回复，并安排专人找到学生帮其解决。家长得悉后非常感动，回短信说，没想到这么点小事校长也关注，如果每所学校都能这样快速解决问题，家长哪有不满意的道理？

新生入学前，每年都有众多家长咨询孩子能否就读新华中学。沟通渠道畅通后，询问更从四面八方涌来。2012年5月，一位署名为刘雨东的家长通过校长邮箱咨询，一问一答往返四五次，直到家长满意。最后，家长赞叹说，真为学校的细致工作竖大拇指，无论孩子能否上这所学校，都会点赞新华中学。

有人问付霆，这样透明办学累不累？他朴素而真诚地回答："其实越公开，就越会取得相互信任。这些年来，还真没遇到恶意骚扰电话。相反，倒收到不少家长与学生好的意见与建议。"

谈到新华中学，学校2011级家委会主任高祥德评价说，这是一所开放型的学校，他们敢于把敏感问题摆到桌面上与家长商榷，看哪些行得通，哪些行不通。高祥德介绍，前一阵子，学校召开初三毕业生复习座谈会，学生、家长、教师、校领导四方面对面，家长、学生提出对教师、学校的要求与建议，能解决的，学校当即拍板，就像开现场办公会一样高效。

"放养"学生，提升能力与素养

在很多人看来，初中教育课程多，又面临升学压力，会与学校对学生个性特长、创新精神的培养有冲突，没有精力进行课业之外的活动。付霆则坚持认为，学生毕业离校时，如果学校让他们带走的仅仅是高分数，而没有能力的提高与责任的担当，那么这三年的初中教育就是失败的。

在新华中学，每个学生都要做的一项功课就是参加研究性学习，初中三年，必须完成五个研究性课题的学分才能拿到毕业证书。在课题的设置上，学校把握的原则是尊重学生的个体差异，提供多领域的选择，既关注当下，又放眼未来。

学生高誉源和她的六位组员选择了"DNA与遗传疾病"课题。制订研究方案后，他们查阅资料、设计调查问卷、到市府广场进行调查。采访、整理数据、座谈、查阅文献，一个假期，学生们忙得不亦乐乎。高誉源说："通过研究，我们了解了遗传疾病的发病原因、常见类型和预防措施，但如何避免还是未知领域，我们长大后还要继续探索。"学生王翊嘉在调查中学会了与陌生人打交道："其实不用害怕，开朗大胆地与人交流不是件难事。"

今年3月，日本教育考察团到新华中学访问时，对学生展示的"对餐桌浪费说不——我们在行动"和"中西方文化进程与差异"等研究课题大加称赞。

付霆常和教师交流，教育要把握好"收"与"放"的度，否则就会制约学生的独立意识与创新精神。

去年春天，不少学生想走出校园看看，这个提议得到付霆的支持。于是，一场由学生会发起的春游活动开始了。"学生会所有部门都行动起来，招募、宣传、与家长沟通，学校好多地方都贴满了海报，前前后后，我们忙活了两周。"学生会主席高芳若挺自豪，"宣传场面火爆，参加的有400多人。"这次主题为"科学·气候·环保"的春游，引发了学生的深度参与和思考：现代科技给生活带来巨大变化，但同样对气候产生一定影响，只有低碳环保，人类才能获得理想的生存环境。

事实证明，新华中学"放养"学生的做法是有成效的：在潍坊高中学校，新华中学的学生很受欢迎，因为他们发现，新华的学生有一个共同特点，那就是有活力、有潜能、学习后劲足。

《中国教育报》2014年5月22日

15 热爱每一株幼苗的"教育农夫"
——记江苏省无锡市天一中学校长沈茂德

本报记者·潘玉娇

编者按

35年教育生涯,连续12届高三毕业班教学工作,21年的一线校长工作,他视学校为家,视教育事业为自己的生命,放弃了各种机会,始终坚守在寄宿制学校的一线岗位上,宁静而执着地耕耘在教育的热土之上,为教育事业奉献了全部的青春。

他愿做一个艰辛而幸福的"教育农夫",他说:"在校长的心中,首先要有'校长岗位非官职,而是服务者'的强烈意识。他应该表现出'教育农夫'的品质,使师生看见的是一个敬业勤业的引领者。"

记者见到沈茂德时,江苏省无锡市天一中学临近开学,他正在办公室里整理自己的工作材料,T恤衫、牛仔裤,蹲在地上一丝不苟地分类、归档,然后整齐地码在身后的大书柜上。书柜上贴了几十个分类标签:"学校行政会议""教职工会议讲话""汇报材料"……学校老师告诉记者,这些材料的整理,沈茂德都是亲力亲为,他可以迅速在几百个文档中找到自己需要的。

沈茂德常说:"你可以一辈子不登山,但你心中一定要有一座山。"这座山,是他对教育无限美好的梦想。

校园梦——让"超越规范"成为学校管理的内在诉求

天一中学的校园美景,常让初入校园的人赞叹不已。碧波荡漾的映天湖,在湖中悠闲游着的天鹅、野鸭,以及教职工们种植的包括好多中草药在内的300余种植物……这一切，源于学校2003年异地新建时，沈茂德提出将学校建设成"生态公园"的愿景。他希望能为孩子提供宽松和谐的校园氛围，让孩子们处于一种亲近自然的、有四季变化的环境中。

"生态公园"同样也是"温馨家园""文化圣园"和"数字校园"。硬件的精心设计赋予学校华丽的外表，而校园文化的创建则使其拥有了可贵的灵魂。在沈茂德看来，学校管理的核心工作是建设优秀的学校文化，当一所学校发展到一定阶段后，"超越规范"就成了一种管理的内在诉求。这并不是说不要规范，而是建立在较稳定的规范基础上的更高层次的文化管理。其中最难也最关键的，便是教师文化建设。

每有空隙，尤其是寒暑假，沈茂德都会约谈一些老师，每人一到两个小时。对工作实绩优异的，他积极给予鼓励；对有困难需要帮助的，他动用自己的社会资源予以解决；还有教学出现问题的，他会与老师一起研讨原因，商量解决方法。这些年，沈茂德感受最深的有两点："一是教师伟大，他们默默奉献，是平凡生活中真正的英雄；二是学校管理工作要相信群众、依靠群众，与老师们交流时，他们的很多'金句名言'总让我深受感动与启发。"

如今，"敬业奉献、崇尚科学、追求卓越"的"天一精神"成为天一教师的共同行为特征，并积淀成为学校文化。

学生梦——"每一个孩子都是一座金矿"

在沈茂德看来，"每一个孩子都是一座金矿，每一个孩子都拥有无限潜能"。教师应该满怀期盼，给予孩子们热腾腾的情感和个性化的帮助，学校应当为孩子们的成长提供"适时""适性"的教育，让他们的个性和才华能得到最大发展。

长期以来，沈茂德和他的团队积极建设以丰富阅读、丰富活动、丰富经历为特征的课程体系。如今在天一中学，高一和高二的学生每周拥有100分钟的固定时间可自由穿梭于几十个不同方向的选修课中，自主学习；"天一科学院""天一人文社""天一艺术团""天一运动队"四大社团板块，共衍生出了近百个社团，让孩子们原本单调的高中生活变得极为丰富。当然，还有与名校、高新企业合作办学创立出的16个创新实验室，与国内外数十所重点大学建立的项目研究和交流机制……

天一中学还有一个传统：校长们会轮流批改学生的周记。沈茂德认为这是与学生交流、了解他们所思所想的重要方式，也是尊重与爱护他们的有效途径。他要求学校财务处定期关注学生校园卡的消费情况，特别留心那些月消费低的孩子。他还为此寻求社会资助，设立了专门的资助奖学金，帮助他们顺利完成学业，至今已有3000余名孩子因此受益。

这些年来，从天一中学走出不少优秀学生，细看他们的经历，往往是个性十足的多面手，而非单纯的"学霸"。这在一定程度上验证着沈茂德的"金矿"名言——以多元的视角去看待孩子个性上的差异，用敏锐的教育智慧去发现每一个孩子的优势潜能，并针对他们的优势潜能制订特殊的教育方案。

教育梦——"培养教育人和种花木一样"

沈茂德就像上足了发条的钟表一样，一刻不停地运转。他每天工作14个小时以上，没有休息日，没有寒暑假。

然而，沈茂德对教育的理解却是"慢"的。他深信陶行知所说的"培养教育人和种花木一样，首先要认识花木的特点，区别不同情况予以施肥、浇水和培养教育，这叫'因材施教'"。所以，他热衷于生态校园的建设，遵循"走小步、不停步"的课程建设原则；他痴迷于"天一书院""文化圣院"的建设……他将自己定义为教育的"农夫"，热爱校园，热爱土地上的每一株幼苗。

天一育人模式的探索已形成巨大影响。2017年高考，天一中学的成绩堪称"惊艳"，无论是高分群体在省内遥遥领先，还是普通本科上线率的高位稳定，都让人们再一次领略了这所重点中学的学术实力。然而升学率并不是沈茂德的终极追求，他更希望孩子们能受到学校文化的熏陶，养成诚实、严谨、扎实的做事风格，阳光、善良、热情、坚毅，有梦想、有担当、有创新。

做校长21年，如今的沈茂德有了一个新的梦想，那就是期盼天一中学能成为一所一流学术型高中。他的学术高中梦是：有鲜明的学校教育哲学和独立精神；有丰富的课程体系和教育资源；有丰硕的教学成果和可推广的实验性项目；有一批研究型的学者型教师……为此，他将继续努力。

《中国教育报》2017年9月19日

16 吴国平：走向自觉，缔造奇迹

本报记者·史望颖　齐林泉

编者按

作为全国瞩目的知名高中，尽管不是处在一二线大城市，镇海中学却享有盛名。在这里，师生随时都能畅快呼吸到"自由"的空气，享受到"弹性"的制度。这一切，和镇海中学校长吴国平提出的"教育，重在自觉"的理念和实践体系密不可分。

自从2000年来到宁波市镇海中学以来，吴国平认为，自己给镇海中学带来的最大变化，是带领学校在原有基础上更加开放，让更多学生走向了更宽广的人生平台。他说："工作40多年来，我始终没有离开过教育，我也在实践中不断理解教育，做真教育。"

"多年前，梓荫山山麓这里是惊涛拍岸的海边，不知什么年代，它的峭壁上留下了'惩忿窒欲'的巨幅摩崖石刻。'梓荫'的意思是像匠人制材作器一样考究地荫庇学子，使文脉源远流长；'惩忿窒欲'出自周易'山下有泽，君子以惩忿窒欲'，意思是君子看到海纳百川，体会山之巍峨，自然戒止愤怒，节制欲望，满怀敬畏，奋发图强。"秋高气爽，在浙江省宁波市镇海中学文化古迹遍布的校园内，校长吴国平指着校园一侧的石刻说道。他的身材高大挺直，说话掷地有声，举手投足间又透出浓郁的书卷气息。自2000年8月受组织委派出任校长以来，这位当初普通高中校长队伍中的新兵，带领全校师生追求"教育自觉"境界，学校发展实现了从区域名校到全国名校的华丽飞跃，他本人也被誉为"连创奇迹的浙派名校长"。

最好的教育，给更多的孩子

10月25日至27日，由教育部中学校长培训中心主办的第三届"全国中学校长招宝山大讲堂"暨中学教育新思维论坛在浙江省宁波市镇海中学隆重举行。来自全国各地的400余名校长共襄盛会，很多校长千里赴会的目的是探秘镇海中学，聆听学校当家人吴国平分享秘籍。

1980年中师毕业后，吴国平被分配至镇海县临江中学。34岁时他担任镇海区职业技术学校校长，在短时间内就把这所师资薄弱、生源最差、校风学风欠佳的学校改造得面目一新，彻底扭转了当时人们对职业技术教育的看法。1996年初，吴国平被任命为镇海区教委副主任，分管教育工作，依靠工作能力和人格魅力，使得教委的相关政策得到很好的落实，镇海区的教育工作也走在省市前列。在2000年暑假接任镇海中学校长之时，学校在全省已经有了一定影响力，但由于行政区划重新调整等原因，面临着办学竞争加剧、生源地范围锐减、发展空间缩小等种种困难与挑战，不少人都担心镇海中学从此将走下坡路，一蹶不振，一些家长甚至想方设法把孩子送往宁波中心城区、杭州乃至上海的名校求学。

面对巨大压力，从未担任过普通高中管理工作的吴国平内心反而异常笃定，"谋事在人，成事在天"，他相信天道酬勤，发誓要让更多的孩子享受到高品质的教育。随后，这所学校取得的办学成就在很多人看来都堪称奇迹：在只有24万户籍人口的镇海连续3年出了3位土生土长的浙江省高考状元，10年里摘得6枚学科奥赛国际金牌，率先成为北京大学中学校长实名推荐资质学校、清华大学"新百年领军计划"优质生源基地学校，且可推荐的人数都是浙江省最多的，多次荣获包括全国教育系统先进集体在内的国家级荣誉，连续4次被授予全国文明单位称号，2017年又获评首批"全国文明校园"。

同时，学校在省内的丽水、台州、衢州及省外的贵州普安、新疆库车、青海海西州、陕西延安等地开展了形式多样的教育帮扶工作，还接纳省内外多地的校长、教师来校挂职蹲点学习，派骨干教师、管理人员到结对帮扶地区开设讲座，接纳学生进行委培。此外，作为教育部中学校长培训实践基地，他还成功完成了两批来自中西部的校长的"影子校长培训计划"。无论在天山脚下还是在黔西高原，都曾活跃着吴国平校长风尘仆仆与当地校长、教师分享办学经验、共商教育大计的身影。

以追求自觉，践行教育理想

认真、踏实、执着、手翻（宁波方言，意指聪明能干）是吴国平留给很多人的印象。在广大师生和亲朋好友眼中，他对工作全身心投入，是名副其实的工作狂。除了校长一职，组织上还委以他民进中央委员、民进浙江省委会副主委、宁波市委会主委等兼职，相关的社会工作也比较多，但他总能恰当处理好主职和兼职的关系，把主要精力和时间都投注在学校的发展上。

令很多人觉得不可思议的是，尽管不担任班主任和学科教学工作，但学校哪些学生是特困生，哪些学生成绩起伏、思想波动较大，哪些学生有什么特长和缺点等，他似乎都了如指掌。针对不同学生的问题，总能对症下药。他对学生的了解程度，让一些班主任都自叹不如。抽出时间深入课堂更是他的工作常态，不同科目的教师都愿意听他课后的点拨评价。语文学科市级名师王老师就曾感慨："我算是服了化学专业的校长对文字的领悟。"

"教育说到底是一项关注细节、把细节转化为教育契机的艺术，没有足够的投入和陪伴，真正的教育不可能发生。"为此，吴国平每天都会雷打不动地至少转一遍校园，深入课堂、寝室、食堂等角角落落，用眼睛更用心去发现哪怕极其微小的问题并及时加以处理解决，同时也用心去寻找细微的美好，并将之提升放大为教育的正能量。政教主任邬小波形象地称吴校长践行的是"走动式"管理。

"学生在，老师在"和"弹性坐班制"，是镇海中学两个看似自相矛盾的教育理念，然而，实际上却有机统一在了一起，成为该校教师管理的特色。学校的老师每周一般有两到三个晚上是在学校度过的，最多的每周五个晚上都在学校，为的就是为学生提供有智慧的、长情温暖的陪伴。每天晚自修的第二节课，是该校固定的教师答疑时间。学生们可以根据自己的需求去找相应的老师请教，老师们也随时静候着推门进来的孩子，整个过程安静而有序。

大约在2006年秋天，在吴国平来镇海中学的第七个年头，有位兄弟学校的领导来学校蹲点交流。20世纪90年代，这位领导也多次来考察，如今十多年过去了，他发现镇海中学的教师队伍呈现出更为积极、阳光、勤奋的良好状态，而在他自己的学校却缺乏这样一种风貌。"同行的对比给了我很大的触动，让我再一次深切地体会到，如果没有一种建立在自觉自愿自发基础之上的教育情怀、教育理想和职业行为，教师很难将教书育人的职责履行到位，更别说追求卓越了。"吴国平说，"这也成为我后来形成的'教育——追求自觉的境界'这一办学思想的一个触发点。"

"校长的使命在于引领和创新。"吴国平说，"当教育自觉逐渐成为个人的办学追求并完成初步的理论和实践构架后，最重要的工作是要将这种办学思想传递给广大师生，让教育自觉升华为学校的集体无意识。"

梓材荫泽，止于至善。这是镇海中学教师的形象写照。多年来，教师们一直践行以校为家，全身心服务学生。这些行为使师生之间达成了最有效的沟通，这种高贵、纯粹的职业精神，也影响着学生的价值观、职业观和人生态度。

"彼此像家人一样。"这是记者在镇海中学采访时经常听到的话。在这个温暖的大家庭，吴国平越来越清晰地感受到，走向自觉——社会责任自觉、学校育人自觉和个人修养自觉，其实是这所百年老校的历史选择，散发出它独特的历史意蕴。

成全学生，遇见更好的自己

记者采访的当天，镇海中学体育馆内人头攒动，校学生会和团委正在举行纳新活动，每个部门前都挤满了人，学生踊跃推荐着自己。就在这一周周五，学校还举行了"百团大战"——学校社团招新活动。

"现在的高考，已经不能说是一考定终身了，人生真正的开始是在高考以后。"吴国平说，"所以，学校在培养学生的过程中，就应把综合素养放在重要位置，注重培养学生的个性特长，充分发掘他们的潜能。"

在镇海中学，现有学科类、实践类、艺术类、体育类、公益类等各大类注册社团50多个。每年4月份前后，学校就会举行为期一个月的校园文化艺术节，学生可自行策划各种各样的活动。

在今年的校园文化艺术节上，高二（7）班的张同学就组织了"真人图书馆"活动，分别邀请自己的老师、同学以及校党委书记进行面对面交流。这样的活动，使得张同学找到了自己身上的闪光点："虽然镇海中学学习很牛的学生有很多，但发现自己的组织能力还不错。可以说是学校搭建平台，让我们遇见了更好的自己。"

对于学生的成长，吴国平一直认为做人比做事和做学问更重要，高素质比高分数更重要，人格健全、身心和谐比学业成绩更重要。

正因为有这样的认识，学校在进行顶层设计的时候，将育人目标定格为"综合素质强、个性特长优、学业水平高、社会贡献大"的优秀公民，并将"教育是对人的成全"确定为镇海中学庄严的办学立场。

除了校园文化艺术节，学校还有各种各样的活动，如外语节、汉文化节、数学节、科技节、体育节、演讲大赛等，学校的日常教学活动都围绕学生的"成人成材"展开，并融入和浸润在各个教学实践环节之中。吴国平说："我们非常强调有效教学的基础是有效的德育和体育。在这个过程中，我们十分注重培养学生良好的方法和习惯。"

从 2003 年开始，学校有个不成文的规定，理科创新实验班的班主任一定要由文科老师担任，以此提升学生的人文素养。镇海中学 2015 届毕业生郑恩柏是当年的浙江省理科高考状元，当他在北京大学元培学院完成第一学期的通识课后，选择攻读中文专业的做法，让不少人感到意外。而郑恩柏高中的班主任兼语文老师周爱红却觉得在情理之中："郑恩柏一直把文学作为自己的兴趣爱好，这是他按照自己的内心进行选择的结果，作出这样的选择也与学校鼓励学生个性化发展，尊重学生的多元选择是分不开的。"

经过这些年的积淀，吴国平欣喜地看到，学生的成长环境发生了很大的变化，学校的办学生态变得更加开放、多元、自由。"人类即将迈入 21 世纪 20 年代，教育对象不再是整齐划一的群体，分数和大学也不再是人们接受教育的唯一目标或主要目的。"他说，"在这样的背景下，教育成全人需要注入更为丰富、科学、深刻的内涵。这是教育的使命和责任，更是教育拓展自身功能、展现无限魅力的契机。"

《中国教育报》2018 年 11 月 21 日

17 一位退休名校长的扶贫战役
——贵州台江县民族中学校长陈立群的支教故事

本报记者·时晓玲　特约通讯员·袁因

编者按

躬耕教坛40余载，担任校长30余年，2016年，年届花甲的陈立群从浙江省级重点中学杭州学军中学校长的任上退休，他婉拒东部民办学校百万高薪聘请，背上行囊，跨越1400公里，远赴黔东南贫困地区义务支教，任贵州省黔东南苗族侗族自治州台江县民族中学校长。

在这里，他用无私奉献的大爱，温暖了无数贫困家庭孩子的求学路，更带领这所贫困地区民族中学实现了从倒数第一到第一的"逆袭"。他说："中国那么大，教育欠发达的地区那么多，总要有人站出来去做些工作。"

2019年9月9日，中宣部授予陈立群"时代楷模"称号。

远山如黛，细雨如烟。

初冬时节，苗岭山区常见的细雨，阴冷绵密，笼罩着台江这座贵州黔东南小城。

天未放亮，位于城郊山下的台江县民族中学（以下简称"民中"），几十间教室已是灯火通明，3000多名学生鱼贯而入。不一会儿，琅琅书声此起彼伏，偌大校园几无行人。

已过花甲的校长陈立群，西装领带，雷打不动地出现在校园，沿着各班教室，一路巡视，从一楼到五楼；晚自修时间，他会再次出现，把所有亮灯的教室和教师办公室重走一遍。

2016年8月，从浙江学军中学校长任上退休，继而被邀请到台江民中做校长，这是陈立群每天必做的"功课"。

两年多时间悄悄滑过，台江民中也在悄然蜕变，让人刮目相看。

此前，台江百姓对当地教育信心不足，全县中考前100名学生，留在本地读高中的只有10多名。这两年，民中招生录取分数线提高了近200分。考上本科的学生，从全州垫底冲到了全州最前列。

更让人欣慰的是师生精神面貌的变化。校园一扫昔惰慵懒之气，处处有一种蓬勃自新、向上生长的力量。当地老百姓对教育的信心又回来了：2018年台江中考前100名学生，留在本地读书的有95人。

就在前不久，贵州省教育厅以陈立群之名成立全省名校长领航工作室，为的是更好发挥名校长在教育脱贫、学校管理方面的示范辐射作用，探索一个更好适应贵州省教育改革发展需要的校长培养机制。

大山召唤，花甲之年再出发

土生土长在浙江的陈立群，怎么也想不到，自己的后半生会与千里之外黔东南这片陌生的土地结下不解之缘。

从浙江桐庐毕浦中学，到窄溪中学，再到杭州安吉路实验学校、朝晖中学、长河高中，最后到浙江著名的学军中学，30多年校长生涯，陈立群都是在浙江书写的。

不同的学校，不同的生源，不同的起点，他的管理均能从量变到质变，化腐朽为神奇，把原本普通后进的学校带到当地拔尖的水平。2001年，他在浙江首开"宏志班"，以"回原籍高考"的大胆创举践行教育公平理念，更以"宏志精神"的兴起、发展和迁移的实践研究，举起"精神教育"大旗。

作为教育部中学校长培训中心兼职教授，陈立群在一次给学员讲课时，回顾了自己创办"宏志班"的心路历程，这让台下认真听讲的贵州凯里一中校长汪海清喜出望外。身为贵州首批名校长培养对象，汪海清坚信，陈立群的教育追求和丰富的治校实践，对贵州这样一个基础薄弱、经济落后的地区，一定是提振教育质量的对症良药。

2016年4月，在汪海清的盛情邀请下，陈立群第一次来到贵州，给凯里一中教师作了一场题为"教育的智慧与境界"的讲座。陈立群的讲座让全校教师耳目一新，"既站得高，又能落地"，教师们听罢都感到不过瘾，纷纷请汪校长继续邀请陈立群再来贵州开讲座。这一讲，便一发不可收，从州上讲到各县市。如今，陈立群义务作报告开讲座已遍及全州16个县市。

恰在这一年，作为台江唯一一所普通高中的台江民中正处在校长空缺、发展艰难的十字路口。当地干部、教师听完陈立群的报告，竟然突发奇想：眼前这位不就是他们心目中梦寐以求的校长吗？

陈立群作完报告前脚刚回杭州，中组部驻台江扶贫工作组负责人与台江县领导就找到了家里，力邀他出山。

台江是中央组织部和杭州市对口帮扶的国家级贫困县。全县2016年财政收入2.7亿元，财政支出却有15亿元，主要靠中央财政转移支付。台江素有"天下苗族第一县"之誉，全县绝大多数人口是苗族，世代居住在大山深处。台江民中3000多名学生中，来自建档立卡贫困家庭的就有1300多人，他们的父母大都在外省打工。

怀着"一生只做一件事"的教育情怀，陈立群感觉，这或许是自己退休后能够发挥余热的一片土地。他把已经开出百万年薪的民办学校聘书轻轻放到一旁，来到了贵州台江。

他开出的唯一"条件"是：分文不取，扶贫支教。

陈立群说，看到眼神里充满纯真和渴望改变命运的苗族孩子，自己的脚步再也无法挪开。他发誓要帮助这些孩子走出大山，拥抱希望。

刚柔并济，改革决心坚如磐石

带着责任和情怀的支教，绝不是一次理想的浪漫之旅。

2016年8月,陈立群一身西服,打着领带,背着双肩包,像一个潇洒的骑士"空降"台江民中。全校师生都被这位身形潇洒仪表不俗的校长"帅"到了。

但刚在学校转了一圈,陈立群的眉头就皱了起来:

这哪像学校的样子啊?学生对手机的迷恋超乎想象,放学后便三五成群走出学校,或聚餐,或买香烟,或玩游戏。晚自习时间,教室里闹哄哄的,分不清是聊天还是讨论问题。

走进学校食堂,刚端出来的菜盆边上,密密麻麻停满了苍蝇。3000多名学生只有一个食堂。一到用餐时间,学生排着长队,半天打不上饭。

学生宿舍条件也很糟糕,几十个人挤在一个大房间,除了床,几乎没有什么配套用具,卫生间气味扑鼻……

"原以为这里的管理和理念差,没想到硬件条件也不好。"刚到台江民中,陈立群面对的便是险滩硬茬。

不破,不立。很快,台江民中师生就被眼前这位说起话来温和友善的校长铁腕治校的魄力惊到了。

陈立群决定从治乱抓起。首先在全校启动"安静学习月"。在全校大会上给师生讲"每临大事须静气"的道理;召开班主任会,提出晚自习不许在教室讨论、每个班每天必须进行检查评比。他自己则每天早中晚到教学楼挨个教室进行督察。

原先像一匹四处撒欢的野马驹,被新来的校长一扯缰绳,台江民中立马有了些章法。

第二个月,陈立群宣布全校进入"自主学习月"。他要求学生把上月月考成绩记好,为下月月考立目标,全力冲刺突破。对各班的综合达标成绩,进行全校统计评比。

陈立群坚持对学生动员,对班主任培训。"陈校长告诉方法,我们去实践,还真有效果。"杨玲是从台江民中考出去的学生,毕业后又回到母校工作。"全校3000多人,50多间教室,才两个月时间,一下变得静悄悄的，整齐有序。"杨玲掩饰不住内心的激动，"我们一下子看到了学校的希望。"

浮躁止于宁静，惊雷响于无声。远道而来的支教校长一点没有"客座"的意思，他的雷霆手段接踵而来，直击学校沉疴。

最让全校师生炸锅的，就是陈立群执意改变学校运行已久的"台江时间"。

过去民中教师上午9点签到，11点签退；下午3点签到，5点签退。陈立群坚持改为早8点半到11点半、下午2点到5点上班。提交教代会讨论时，许多教师反对，不少中层领导也不爽，"睡午觉都不踏实"。陈立群一听火了："想睡到自然醒，干脆别干了！"他严肃地说："我宁肯不干这个校长，也不在这个问题上妥协！"

针对台江农村家庭大部分劳力输出、留守儿童多，学生课余时间散漫无序的现状，陈立群决定实行封闭式寄宿制管理：每周除了周六晚上不统一上晚自习，其他时间晚上6点半至10点20分均上晚自习。学生在校一律穿校服，手机上交学校保管，周末回家才发还。

来自学生的投诉，从校长办公室门缝或者校长信箱不断涌来。陈立群每封信都认真看，并把自己的答复写到下周一的国旗讲话里。周一一早，他就在全校师生大会上开宗明义地讲："能否养成良好的学习和生活习惯，直接决定人生层次和成才高度。学校实行全封闭寄宿制管理，就是给大家创造习惯养成、修炼身心的环境，只能严格，不能放松！"

为了保证学校刚性制度落地，陈立群将规范融入文化，关爱先于管理。

他首先下大力气解决师生吃饭问题。学生食堂，从一个增加到三个，单独开设教工食堂。加强后勤管理，投入一定资金，提高伙食质量，严格卫生管理。

原本一拖再拖的学生宿舍建设，很快完工并赶在新学期开学前投入运行，学生搬进了六到八人、带独立卫生间的宿舍。

学校生活设施的改善，为推进严格的管理创造了条件。

"做校长的，就要让大家看到，管好一所学校的决心坚如磐石、绝不动摇，这样才能顶住压力推进改革。"陈立群说。

陈立群像一块压舱石，稳稳站在师生利益和坚守的原则一边，硬是改变了原先习惯打"慢拍"的台江民中节奏。

留下一支带不走的高水平教师队伍

质量是学校的生命线。

"质量的差距，是水平问题，更是态度和标准问题。"上任不久，陈立群便带着小板凳，推门听课。一堂高三语文课上，老师开场讲了10分钟，才发现自己讲错了。本来要给学生讲作文结尾，却讲成了开头。

下课后，陈立群立刻把这名教师叫到办公室："你犯的错误实在太离谱了。要知道，这是高三课堂，学生马上要高考了，你却这样上课！"第二天，这名教师的语文课被人替下，学校就此不再聘用这名不称职的教师。

过了几天，陈立群又去听数学课。数学老师出身的他，才听几分钟，就坐不住了。下课一查备课本，果不其然，这是一堂没有教案、跟着感觉走的课。

陈立群生气地说："我宁肯狠狠心让优秀教师多上几节课，也不能让你再误人子弟！"从此，这位教师再也没有上讲台。

一下子让学校两位教师"下课"，这件事迅速传开，震动了整个黔东南。

"我的支教总会结束，但培养一支带不走的骨干教师队伍，才是学校持续发展的关键。"在陈立群的推动下，台江民中启动了青年教师培养行动计划。计划包括三个工程："小荷工程""青蓝工程""名师工程"。

"小荷工程"，针对走上工作岗位三年内的青年教师，主要培训课堂常规和教师基本功;"青蓝工程",针对工作三到八年的教师,旨在提升其业务素质,使其站稳课堂,成为教学骨干;"名师工程",针对工作八年以上的教师,旨在开阔视野,形成特色,树立风范。

陈立群利用自己的资源和人脉,尽量给教师创造外出学习培训的机会。目前,学校已经送出六批教师,每批20名左右,到杭州各名校进行为期一周的交流学习。他还不断争取让外面的优秀教师分批到学校支教,使本地教师在传帮带中迅速成长。

陈立群借力黔东南名校凯里一中的资源,将他们的教师请进来,与台江民中的教师一起同课异构:同样一门课,凯里一中的老师讲一节,本校老师讲一节,互相听课,互相评课。凯里一中每周派九名青年教师到校来讲课,覆盖学校九大学科,同时每个学科还派一名专门听课和点评的教师。两校教师同课异构的时间放在每周六下午,每周一个年级,从高一到高三轮番进行。

记者采访时,正赶上高一年级同课异构。一节高一物理《弹性形变》,凯里一中和台江民中教师分别上,物理教研组课后立即组织集体评课反馈。当天参与讲课的台江民中吴老师说,相比之下,一下子看到了自己在备课和教学思路上的差距,"同课异构对我提升教学水平帮助太大了"。

同课异构,如同一面镜子,让教师们看到山外有山,时时给自己以鞭策。

付出真爱,与师生共进退

"亲爱的陈爸爸:您好!请允许我们能这么叫您……一个人的影响是永恒的,您所带来的一切新事物、新思想是同学们的宝藏……"

这是一封从门缝塞进陈立群办公室的信,落款是"高二某班全体同学"。

这样的信,陈立群手上有厚厚一沓,大部分都是学生写给他的。除了表示感谢，还有申诉班级管理方式的，申请困难补助的，甚至还有倾诉早恋经历的，诉说学习烦恼的。

不论什么内容，每封信都字迹工整，文字间流淌着真实情感。

"教师对学生是否付出真爱，他们都能感受到。"作为一校之长，陈立群注意保持与学生之间沟通渠道的畅通，全校学生的家庭情况，他心里大致都有一本账。

陈立群把教育中爱的表现分为三种：真爱、假爱与错爱。

他认为，尊重学生个性，接纳学生差异，爱学生这个"人"本身，是教育的真爱；爱聪明，爱高分，爱长相好，爱听话，爱家长的权势地位，爱财，爱物，是教育的假爱；溺爱、强制的爱，是教育的错爱。

台江民中的学生家长，一半以上在外打工，很多学生缺乏完整的家庭关爱。由于学生家庭普遍收入不高，一旦遭遇大病或者意外，常常直接影响学业。陈立群不仅抓教育教学质量一丝不苟，更要时时为学生的家庭困苦操心。

2017年12月，高三一个班的班主任找到他："我们班的这个学生，能否让她保留学籍先休学回家？"陈立群一惊："怎么回事？"一了解，原来即将参加高考的这名学生，母亲得了尿毒症。懂事的她要时常请假回家照看母亲，两头奔波，无心继续学习。

陈立群一听，第二天就与学生赶到凯里的医院去探望她的妈妈。了解情况后，陈立群又协调浙大二院帮扶共建的台江医院，安排学生妈妈后续就近透析，并申请了相关报销减免费用。他还拿出1000元钱给这名学生，鼓励她坚持完成学业，生活上的困难一起想办法克服。

第二天上班一开门，陈立群发现地上有一封信，打开一看，1000元钱原封不动退了回来。"尊敬的校长：感谢您对我的帮助。您就像一盏灯，照亮了我的心灵，使我的生命有了一丝光彩。您的心意我领了，但钱我必须退还给您……每个人都有苦难的时候，但我明白人若不是到了绝境，绝不能靠别人来改变自己的处境，而是要有所作为……"

陈立群被这名学生的坚强深深感动了。如今，这名学生已在大学开始了自己新的人生。

在高一（3）班教室，记者见到了坐在轮椅上的毛进行。他是这届高一报到最晚的学生。暑期，他搭乘叔叔的摩托车从老家赶往县城，不幸遭遇车祸，腿部骨折。陈立群得知情况后，想办法帮他解决了医药费问题，才使手术得以顺利进行。出院时，陈立群特地安排教师去凯里买了轮椅送到医院，把毛进行接到学校。

只要听到学校师生有生病住院的，不管多忙陈立群都要去医院看望，他访贫问苦的足迹遍及台江每个乡镇。

台江民中有50多个班级，每个班的班主任人选，陈立群都是左挑右选，其中最核心的一条，就是要有责任心。由于学生在校时间比较长，班主任也当得十分辛苦。

陈立群最受煎熬的，莫过于学校办学经费有限，没法给优秀教师更多激励，没法给学生更好的学习条件。由于没有体育馆，遇到雨天，学生就上不了体育课。没有图书馆，学生的课外阅读十分有限，语文水平普遍较低。

2017年新学期开学，高一某班班主任的辞职信放到了陈立群的桌上。这位教师在学校工作了15年，工作负责，教学优秀，深受学生欢迎。然而，每个月3000多元的工资，要养活一家六口（刚生二胎），实在扛不住了，准备跳槽。

陈立群找到这位教师，挽留的话没法开口，只说了一句："学生都不知道你去哪里了，都说你好……"这位教师听了眼睛一红："校长，辞职信我收回吧……"

因为待遇跟不上，台江民中每年都有教师离职。为了解决教师待遇问题，陈立群向当地教育部门争取，为教师增设了年度目标考核奖、教学质量奖等各种奖项，鼓励骨干教师专心教学。但当地财力实在有限，到手的补助杯水车薪。

陈立群和妻子商量，把他获国务院政府特殊津贴和杭州市杰出人才奖的 20 多万元钱拿出来，设立台江民中陈立群奖教金，分设爱心、责任和育才三个奖项，每年奖励九名优秀教师，每人 5000 元。

"我能做到的，一定尽全力。但很多时候有心无力，的确也有不少遗憾。"陈立群说。

踏遍苗寨，重启尊师重教民风

到台江任职，和学生近距离接触，陈立群常常为学生们贫困艰难的家庭处境长吁短叹。

深入苗寨，更有切肤之感。

苗族同胞历史上几经迁徙，大山曾是他们家园的安全屏障，如今却成了阻隔他们连通外界的障碍。虽然村村通了公路，但山高路险。

更让他焦虑不安的是，另一座横亘在人心里的"大山"。

陈立群到任后召开家长会，看到有的班到会的家长还没有在场的老师多。高三成人仪式，学校要求家长共同参与见证孩子的成年典礼，但到会的家长寥寥无几。教育在当地人心中的位置，可见一斑。

如何在贫困欠发达地区重建尊师重教、耕读传家的良好民风？陈立群组织学校教师走进寨子宣讲，让老百姓充分认识到教育对于改变贫穷落后面貌的意义。在中组部帮扶台江工作组的协调下，陈立群亲自培训驻村第一书记，内容包括教育与脱贫、尊师重教、家庭教育等。在县委、县政府的大力支持下，高考结束，陈立群将教师分成几个组，走进寨子给高考中榜的家庭送喜报，大力宣传"考出一个孩子、脱贫一个家庭、带动一个寨子"的典型事迹，启发村民重视教育。

陈立群喜欢引用德国哲学家、教育家雅斯贝尔斯的一句话："教育首先是精神成长，其次才成为科学获知的一部分。"无论对学生、老师，还是家长，他格外重视"心灵唤醒""精神教育"的力量。

走近台江民中的教学楼，两幅巨大的红色条幅格外醒目，文字是陈立群亲自撰写的：

一生诚做基，不装不作不混，励志笃行出大山；

万代勤为本，用力用脑用心，真才实学报家国。

自从陈立群做了校长，台江民中的师生就多了一个节日——"12·9励志节"。每年这一天，高三年级以班为单位，在校园里种一棵"志向树"。树下，埋有一个瓶子，里面是全班学生的高考志向和人生理想。如今这片"志向林"虽还是幼苗，但已是葱茏一片。

张二里，台江民中2018届毕业生。在贵阳的大学城，记者见到了这位苗族姑娘。她学的是英语专业。她说，自己的老家台江县方召乡太缺外语教师了，毕业后，一定要回到家乡做一名外语教师。她的这个愿望，就种在"志向林"里。

树是苗族的图腾。陈立群为苗族人和树木的关系，增添了"志"的新内涵。

学校通过班会、成人仪式、升旗演讲、朗诵比赛、游学、社团活动、读书活动，强化激发师生对"志"的理解和思考，希望师生都能培养起"高远的志向、高昂的志气、高雅的志趣"，成为引领、陪伴一生的精神武装。

中组部部长陈希来台江民中考察调研时，陈立群在汇报中说："所有的帮扶总是暂时的，所有的支教总是要结束的，关键在于增强贫困地区教育可持续发展的造血功能。"

"理想和现实总是有距离的，但我们还是要找到通往未来和理想的道路。"陈立群说。

"陈校长，你在我们贵州可要多干几年啊，多到我们那儿教教我们。"听过陈立群的讲座，总有校长、教师临别时依依不舍地发出邀请。陈立群笑而不语。

夜阑人静，他又像往常一样回到校园，沿着教室走一圈，再回到办公

室记下一天的心得。他的耳边,又回响起自己和90多岁老母亲分别时的告白:

儿去贵州,不为功利,不求功德,只为心愿。

《中国教育报》2018年11月26日

18 李树花：勤奋树人，静待花开

本报记者·陈欣然　通讯员·马超

编者按

楼道内就有钢琴，所有实验室无限开放，不设图书馆，而是把图书遍布在学生抬手就能拿到的书架上……如何设计一所本土化的国际教育学校？一脉相承的南开基因能为学生带来什么？英语见长、文体并进的特色，以及浸润式教育的理念又是如何让学子自发向上的？在南开大学基础教育中心主任、南开大学附属小学校长李树花看来，学校"要培养健康、博学、自信、乐群的学生，正如校花——向阳花一样，成为天天进步，开放向上的人"。

楼道内就有钢琴，实验室、自习室、操场不设限开放，图书遍布在学生抬手就能拿到的书架上……在南开大学附属小学、天津南开日新国际学校，小学生浸润在这样的环境之中。这两所学校一脉同源，都是南开系列学校中的成员，而两校的"掌门人"，就是南开大学基础教育管理中心主任、现年53岁的李树花。

2007年，李树花出任南开大学附属小学校长。十年后，南开大学、天津市南开区政府、南开大学教育基金会支持的九年一贯制的公益民办校日新国际学校成立，带着对教育梦想的追求和满足更多孩子对优质教育资源需求的责任，李树花一肩担两责。

"南开是教育界的品牌，'南开出品，必属精品'，附属小学和日新国际学校，也应当成为基础教育的品牌，办出优质的国办校和特色的民办校。"李树花常这样说。

重教学质量，让师生共同成长

一摞一摞的作业本、卷子、教师的教案……天津南开日新国际学校会议室的长桌上，堆满了这些材料。记者见到李树花时，她正一个人埋头抽检这些收上来的"作业"。干净利落而富有激情，是她给记者留下的第一印象。

"教学是一所学校最重要的工作，教学质量是学校的生命线。"教师出身的李树花，将课堂教学质量提升与师资队伍建设视为学校发展的重中之重。自上任以来，李树花把浸润式学校课程建设、创意课堂的研究和ICD（"我能行"英文缩写）学校自评系统的建立作为工作的重点，并形成了学校经验，在市区内进行推广。她坚持深入课堂，以"随机听课"的形式了解学校师资队伍现状和学生的精神面貌。

在学校教师经常聚在一起为某一教学方案展开热烈的讨论，积极大胆尝试不同的教学方法。李树花走进课堂的举措，对任课教师起到了正面的激励作用，这促使各教研组形成浓厚的教研氛围。

李树花同样注重为教师搭建成长平台，通过开展行之有效的培训，提高两校教师的专业水平。她鼓励有经验的教师与青年教师结对子，一同备课，向青年教师传授教学经验，以自己优秀的教学方法"辐射"青年教师，同时鼓励青年教师打开思路，探索学生喜闻乐见的教学方式，为整个教师团队注入源头活水。

"不论是年长教师，还是年轻教师，只有好的教师才能教出好的学生。而对于基础教育的教师来讲，最重要的就是爱心和敬业心。"李树花这样认为。

南开大学附属小学在多年办学经验的探索中，逐渐形成了"以国家课程为标准的基础类课程""对国家课程深入探究整合而成的拓展类课程""以本校学生特点为主导的实践类课程"的课程体系，其宗旨就是在通识教育的基础上达到特色化教育。

南开大学附属小学和日新国际学校的定位分别是"优质的国办校"和"特色的民办校",但在经验做法上互通有无。2017年日新国际学校招收第一批学生以来,迅速将附属小学在教学和课程方面的经验贯彻并加以创新。在中小衔接这个业内关注的热点课题上,日新国际学校积极探索在"减负"的大背景下,提升初中生学业质量水平、促进学生全面发展的有效路径。

"我们的'小蜜蜂'课堂,我们的'公能微讲堂',都是师生自己探索出的课堂教学的优秀模式,学生非常喜欢走上讲台分享自己的所学所思。"

"基于'植根本土、放眼国际'的理念,我们成立了不同语种的社团,还致力于推广外语类实践课,比如我们带学生去五大道、故宫等地方,让学生现场用英语甚至日语、西班牙语、俄语、德语等为外国游客进行讲解……"

说起课程和教学,李树花滔滔不绝。"日新国际学校探索出的好的做法,我们也会在附属小学推广实践,促进两所学校共同进步。"

浸润式教育,让学生热爱学校

在南开大学附属小学里,取代图书馆的是教学楼每一层设置的"阳光书吧"和"班级图书角"。学生借书、还书不设时间限制,不用凭借证件登记。在李树花看来,让学生随手就能拿到书,随时随地就能看到书,浸润在"书香"氛围之中是培养学生阅读习惯的最好方法。

"起初我们没有专门的场地建一所图书馆,后来想出了这样的办法,化整为零,没想到效果反而更好。"李树花说,学生在学校的时间通常比较紧张,如果为了借阅一本书而特意走到专门的图书馆或图书室,办理烦琐的程序,这无疑提高了学生阅读的门槛。

"阳光书吧"的图书设专人管理,定期清点、整理。如有长期未归还的图书,管理人员会通过学校小广播提醒学生及时归还;如果有图书破损情况，也会通过小广播发出"温馨提示"，请借阅了该图书的学生在方便的时间修补好图书。

"这就又探索出学生自我教育、自我管理的一条途径，是一种润物无声的德育方式。"李树花说。

有了附属小学"浸润式"阅读的经验，2017年日新国际学校落成时，尽管校舍宽敞，但也依然延续了"阳光书吧"的做法。同时，在学校的"公能微讲堂"，学生可以分享心得，既锻炼学生的表达能力，又促进朋辈间相互学习。

受到南开大学精彩社团活动的影响，两所学校的社团也丰富多彩。机器人协会、3D打印社、木工坊……学生的各种兴趣都能在社团里得到满足。"学生在中小学时是培养综合素质的阶段，我希望争取到各种资源，让他们涉猎更多知识。"在李树花看来，对学生的教育不应该只停留在课堂上，学生在学校里的每一分钟都应受到"浸润"。

"校长，放学后我们想在操场上玩一会儿再回家，可以吗？""校长，我周末想到学校来看书，可以吗？"

面对学生提出的"小要求"，李树花一一满足，逐渐形成了如今的校园氛围：操场在下午5点放学后仍然对学生开放，教师主动留下陪伴学生开展各种活动，实验室、自习室在周末也欢迎学生来使用……在校友的资助下，李树花甚至在教学楼的楼道里摆放上几台钢琴，时有琴声飘荡在校园里。

李树花认为非常值得："一所学校，只有以开放包容的态度对待学生，让他们自由地成长，他们才能够更加自信和自律。"

"折腾"的校长，让未来充满希望

在教师和家长的眼中，李树花"雷厉风行""能折腾""从不嫌麻烦"。每天往返于两校之间，坚持走进教室随机听课，坚持抽检各个年级、班级的作业和教师的教案……尽管两鬓已经染上风霜，李树花却丝毫没有停止"折腾"的意向。2018年底，在多方推动和共同努力之下，李树花代表南开大学基础教育管理中心与昆明市官渡区教育局签署了合作协议，"南开日新国际（云南）学校"项目启动。

在李树花眼中，附属小学和日新国际学校的教师无论是教学理念、教学基本功，还是对课堂的驾驭能力和对学生能力培养的意识，在天津市都是属于领先的；学生在课堂上敢于发表见解，语言表达能力、思维能力和反应能力，都表现出优秀的气质；同时学校还有一支可以信赖、依靠的家长团队，学校的各项活动和决定，家长们都积极支持。学校的整体运转良性循环、蒸蒸日上。

"想当年，我的学生喜欢上我的课，他们的语文学科成绩很出色。家长非常信任我这个年轻的教师，这让我觉得做教师是件幸福的事。"教师出身的李树花也会偶尔提起当年的"辉煌战绩"。学生从入校时的"娃娃"，到毕业时走出校园长成"大姑娘""小伙子"，是李树花最有成就感的事。

尽管留恋冲在一线的教学生涯，但李树花也明白：作为校长，要考虑更多、承担更多。

对于未来，李树花还有太多的想法，比如她致力于推动日新国际学校申请国际文凭学校认证，真正实现和国际舞台的无缝对接；比如她希望在义务教育阶段的两端再各自向前延伸一步，成立学前教育部和高中部，这样南开大学基础教育系列教育品牌就能形成完整闭环……

为了实现诸多梦想，李树花以"只争朝夕"的态度对待每一天的工作。"当老师要当好老师，做校长就要做好校长。干一天，干好一天；做一样，做好一样。当你离开这个岗位时，你也会很自信。"李树花这样说。

《中国教育报》2019年4月24日

19 潜心均衡优质,为祖国育人才
——记全国优秀教育工作者燕立国

本报通讯员·陈文静　记者·赖斯捷

编者按

一辈子,一个地方,做一件事——教书育人,这是全国优秀教育工作者、湖南省桃源县第一中学校长燕立国的人生轨迹。

对于燕立国而言,教育不仅仅是一份为"稻粱谋"的工作,更是一份责任与担当,正如他的名字——立国,他立志为祖国培养出更多的优秀人才。

从一名物理教师,到班主任、年级组长、教导处副主任、教务科科长、副校长、校长,燕立国与教育结缘,与教育相知,更是为教育付出了青春年华。对于燕立国而言,教育不仅仅是一份为"稻粱谋"的工作,更是一份责任与担当,正如他的名字——立国,他立志为祖国培养出更多的优秀人才。

"名校不能是少数人的"

在湖南省桃源县老百姓的眼中,桃源县第一中学(下文简称"桃源一中")是一所名副其实的名校。用当地老百姓的话说,孩子只有考入了桃源一中,脸上才有光。

2006年,燕立国成为桃源一中的掌门人。在燕立国的带领下,桃源一中苦练内功,办学质量一年一个台阶。2013年6月,桃源一中的高考成绩又是一个大丰收。当燕立国正沉浸在收获的喜悦中,两个不速之客找上门来——桃源县西安镇党委书记罗建华带着镇中学校长周旭方找到了他。"燕校长，今年我们镇中学又被'剃光头'了，能不能给我们农村中学一点指标，让我们的几个学生也考到一中来？"

1.6万人——西安镇是桃源县最偏远的乡镇，也是桃源县的人口大镇，竟一个学生都考不上桃源一中，这意味着什么？这个问题让燕立国陷入了深思。第二天，一份数据摆到了燕立国的案头：2012年，桃源县6所乡镇中学考入桃源一中的学生总人数只有20人；2013年，桃源县6所乡镇中学考入桃源一中的学生总人数只有21人；不少乡镇中学考上桃源一中的学生人数连续几年"剃光头"。

"再这样下去，学生跑了，教师跑了，学校都要办不下去了。""有的乡镇为了不被'剃光头'，只好办起重点班，只关注少数几个尖子生。"望着眼前的数据，周旭方的话再次在燕立国耳旁响起，让他的心情越发沉重："长此以往，义务教育谈何均衡发展？"

名校不能是少数人的名校！一个大胆的想法在燕立国脑海中出现：分指标到校。这个想法很快得到桃源县教育局的支持。2013年，桃源一中把招生指标数的近30%分到了乡镇中学。一年后，桃源一中又按照乡镇中学的在籍学生人数和中考的平均分数，把招生指标全部下放。

这下，基础薄弱的乡镇中学迎来了"新生"：从2014年开始，考上桃源一中的人数直线上升。之前，成绩好一点的学生小学一毕业就往县城里挤，分指标到校后，优生不往城里转了，重点班也没有了，教师更关注每一个学生，地方办教育的热情也高了，形成了均衡发展的生态，整个教育焕发出新的生机。

"我们的孩子在乡镇中学就能有机会考取桃源一中，不仅减轻了我们这些普通家庭的负担，还开辟了一条山区孩子通往未来的路。""乡镇学校办得蒸蒸日上，作为从乡间走出来的孩子，我愿意捐款、捐物，助力教育发展。"桃源一中成了老百姓心中真正的名校。燕立国说，让更多人享受优质教育资源，是他义不容辞的责任！

"学生不是读书机器"

桃源一中有很多不成文的规定——即便是高三，每周两节体育课，每学期一次运动会，雷打不动；晚上 10 点 5 分，熄灯铃响，寝室按时熄灯，谁都不允许熬夜；教师不得擅自给学生印习题集，不准加班加点，不准搞题海战术。

这源于燕立国的一个重要认识："学生不是读书机器，靠牺牲健康得来的高分，没有意义。"语文教师李小英说："在我们学校，过于注重学生的成绩也会挨批评。"原来，李小英曾认为，判断学校好坏的唯一标准是考上名牌大学的人数有多少，一本、二本上线率有多高。为了让学生拿到高分，她铆足劲儿，见缝插针：早自习，规定学生提前到；晚自习，要求学生推迟回。

在一次月考结束后，李小英被请进了燕立国的办公室。

"作为教师，更多的是要思考成绩之外的内容。外界只在乎我们的学生考了多少名牌大学，但我们自己要清醒，教育最终要给学生带来什么。"燕立国的话让李小英醍醐灌顶。教育最终要给学生带来什么？燕立国说，桃源一中不能培养读书机器，而要大力推行素质教育，培养全面发展的人。而素质教育的阵地在课堂。

在燕立国的大力倡导下，桃源一中推行"以学生为本"的"生本课堂"。什么才是真正以学生为本？燕立国说："将四个权利完全下放给学生不含糊。"这四个权利是：思维权（思）、演练权（做）、表达权（说）和归纳总结权（悟）。

"生本课堂"是燕立国多年深耕教学一线得来的经验。1990 年，燕立国第一次教毕业班。当时，年轻的燕立国发现，自己不善言辞，与那些能说会道的教师比，课堂上他很难引发学生的学习兴趣。怎么办？经过反思，燕立国将课堂进行了变革：一是自己先把问题由浅入深排列好，然后让学生独立思考后再动手做，做了之后再归纳总结；二是将以知识点为中心转变为以问题为中心，在做题的过程中回顾知识，总结规律和方法，这样题目做完，对知识和规律的复习也就完成了。一年下来，教学效果超乎想象，甚至赶超了当年一名特级教师的教学成绩。

"教育是一门科学，最要讲规律。如果一个人消化不良，你还一个劲地喂他吃排骨，他又怎么消化得了？要重视学生的差异，更要尊重学生的差异，对于那些基础差的学生，应该先喂'豆腐青菜'，再喂'排骨'。"

在"生本"观念的影响下，桃源一中的课堂呈现出勃勃生机——政治教师吴佳敏讲《经济全球化的利与弊》，课堂成了辩论会；语文教师彭宏讲李清照的《声声慢》，课堂成了朗诵会；历史教师夏友刚讲《甲午中日战争》，课堂成了反思会。学生们在学科素养提升的同时，格局与视野也在慢慢变大。

"对于农村长大的孩子而言，不少人希望通过教育改变命运，但我要传递给他们的是，建立在为国家、为社会发展作贡献境界之上的学习动力，远比仅为个人幸福而奋斗的动力强大得多。只有高境界下的分数，才是有理想、有信念的分数，才是有情感、有温度的分数。"

"用情感灌溉精神高地"

都说教师喜欢好学生，可在桃源一中，"后进生"比"优等生"的待遇更"高"——享有"谈话优先、座位优先、辅导优先、作业批改优先"的四个优先权。

为了让每名教师真正关心"后进生"，学校还有一个"后25%"的评价体系，即以班级后25%的学生成绩作为评价标准，考核一个班级的管理水平。燕立国说，关注每个孩子的成长，让每个孩子都有人生出彩的机会，是一个教育人的良心所在。因此，对于"后进生"，燕立国有着特殊的关注，也投入了更多的情感。

"没有情感,就没有教育。"燕立国还总结出"中医理论转化'后进生'"的办法:对"后进生"的教育,绝对不能"头痛医头,脚痛医脚",教师应该全面关心学生的学习、情感、家庭、生活,综合找出孩子的问题根源。

多年从事班主任工作的教师王云对情感教育很有共鸣。王云教过一个叫小蒋(化名)的学生,他平时调皮捣蛋,搅得全班同学不得安宁,成绩更是一塌糊涂,次次考试都垫底。学习的煎熬、家长的失望,让他萌发了退学的念头。关键时刻,王云极力挽留小蒋。"说实话,如果这个学生离开了班级,我这个班主任要省心不少。"王云说,"但我还是选择挽留他。问我为什么,我只能说,在朝夕相处中,我与学生产生了情感,我不会放弃任何一个学生。"最后,小蒋凭借艺术才能考上了重点大学。

其实,不仅仅是"后进生",每一个在桃源一中的学生都能感受到来自学校的关注和温暖——食堂也是情感教育的主阵地。为了让学生吃好,燕立国对食堂食材采购,制定了苛刻的程序;而因食材价格下调出现了盈利,学校便为就餐学生每人返充100元餐费。

学校还设有助学金机构,它依托国家助学金,每年用于资助贫困学生的助学金额达200多万元。这些奖学金大部分来自桃源一中毕业生。

通过情感这座桥梁,桃源一中成了所有学生的"精神高地"。2013年9月的一天,燕立国收到一张从吉林长春寄来的600元的汇款单和一封信:"尊敬的燕校长,您好!我是2013届毕业生周宏磊,现就读于空军航空大学。这笔钱是我人生中第一笔凭借自身努力得到的回报,数额不多。烦请您用来资助贫困学生,希望他们努力学习,改变自己的命运。与此同时,我也期盼和欢迎更多的热血青年投身军营,保家卫国。"

当越来越多的学生反哺母校、反哺社会、反哺国家,燕立国也实现了自己的教育理想——立国育人。燕立国对学生的期望是,为官,取信于民,造福一方;为商,创造财富,回报社会;为学者,做真学问,敢说敢做。

《中国教育报》2019年10月16日

20 扬师生之长，领全面发展
——记辽宁省沈阳市东北育才学校校长高琛

本报记者·刘玉　通讯员·戴隽瑶

编者按

从"人人成才"的人才观到"人人有才、人无全才、扬长避短、皆可成才"的教育思想；从原来的数理竞赛成绩较为突出，发展为中高考成绩名列前茅、学生综合素养全面提升的优质均衡发展状态；学校规模从几千人拓展到现在的近两万人……十几年间，高琛带领育才学校这所百年名校行稳致远。

尽管有着全国人大代表、全国劳动模范、国务院政府特殊津贴获得者等各种各样的荣誉，但是高琛的初心并未改变——"教育就是要为每个孩子准备好未来"。

一身洁净清新的套装，始终挂在嘴边的微笑，整个人充溢着一股"腹有诗书气自华"的干练气质。这是辽宁省沈阳市东北育才学校（以下简称"东北育才"）校长高琛给人们的普遍印象。从小热爱文学的她，在1987年师范学院毕业后，来到沈阳市第八十三中学当班主任，做语文教师。从20世纪80年代末开始，干劲十足的她就将"以人为本"的育人思想注入到教育教学实践中，对学生开展"扬长教育"，在扬长的基础上实现学生全面发展。1995年，她率先开展"协同教学实验研究"，带动多学科教师参与课题研究，逐步构建起"3+1+X+Y"的教学模式，成为全省推广的教改经验。1998年，高琛从优秀教师成长为校长。根据第八十三中学实际，她提出"一切为学生发展，以阳光教育理念育人，为师生营造良好的绿色生态管理环境"的办学理念，极大地激发出师生的潜能，学校于 2003 年晋升为辽宁省示范性高中。在从教的 30 多年里，无论做一线教师，还是教育管理者，高琛始终关注学生的生命成长，为他们准备好未来。

呵护和发展学生的个性潜能

2019 年，在东北育才建校 70 周年的宣传片里，有一名身着红裙翩翩起舞的女生给人留下了深刻印象。她叫耿艺轩，当时是高中部科技创新实验班高三的学生。她不仅跳舞专业，还门门功课优异，在物理、数学、化学、英语、语文各类竞赛中频频获奖，并参与中科协与教育部联办的"英才计划"。在东北育才，学生全面发展不是一句空话，这样的"牛人"很多。他们有的在英特尔国际科学与工程学大赛中获奖，赢得以自己名字命名小行星的殊荣；有的代表辽宁省参加欧洲青少年科学家竞赛，在 FRC 国际机器人大赛上获得五项"第一名"；有的是全国创新英语大赛总决赛的个人冠军，并在全国中小学英语大赛团体挑战赛中获得集体奖项。另外，学校的少年民族管弦乐团在全国中小学生艺术展演中获得全国一等奖；赛艇队在历届"国际名校龙舟邀请赛"中蝉联多个项目冠亚军；足球队组建五年来已三次夺得沈阳市校园足球联赛冠军……学校不但有以优异的成绩步入国内外知名学府的学生，更有全国最美中学生标兵、首次带着提案走入全国"两会"的学生、艺术体操国家一级运动员、入选国家花样滑冰集训队备战 2022 北京冬奥会的学生……

不得不说，育才学生卓越的表现，与高琛教育思想的长期渗透分不开。

东北育才与共和国同龄，始终以为党育人、为国育才为己任，具有光荣革命传统和深厚文化底蕴。2008 年，高琛担任学校党委书记、校长。从那时起，她将东北育才的培养目标完善为"培养具有本土情怀、国际视野的拔尖创新人才"。所以，在鼓励学生冒尖、创新之前，她带领学校首先做到充分尊重、包容学生的个性，对于突出优秀的人才不但给予支持和鼓励，还要提供更大的发展空间。

早在2013年，东北育才就在超常教育实验部推行学生"一人一课表"制度，还根据学生个性化学习的需要配备学术导师、学业导师和成长导师，更好地开发学生的智力或潜能。此外，在学习时间、学习进程上，提供更加灵活的多元选择，使他们的学习更符合自身的需要。比如，允许学生免修某科课程、单科或多学科跳级、提前选修某些课程等；对于在数理或外语等某一学科特别优秀的学生，经本人申请学部认定后，可以免修相应课程，自主安排学习时间，学部会根据实际情况安排导师为其提供个性化发展指导；那些因为参与出国交流或志愿活动等耽误课程学习的学生，可参照学校相应制度认定标准，向学校申请课程缓修、缓考、免修、免考……

构筑起学生成长的生命场域

2019年11月，《人民日报》官微头条位置发表的新闻《我不走，就在原地等你！13岁初中生一小时等待，救了一个家》被众多网友点赞。新闻的主人公是东北育才初中部学生赵一锦，这位好少年将捡到的3.3万元救命钱归还失主，不求答谢。

"勇于担当、追求卓越"是东北育才学生的精神气质与行为准则。他们申请停课七天去云南支教，用自己的实际行动带给山区孩子爱与希望；他们组建"郭明义爱心团队"，多年牵手辽宁省阜新市彰武县高级中学开展阳光助学活动；今年国内新冠疫情变严重的时候，高二年级学生在网络上组织发起中美澳三地筹款活动，购买医疗物资，支援抗疫一线……

"学生就像一颗种子，其成长离不开阳光、雨露、土壤、空气的滋养。引导、促进学生的生命成长，完善、提升学生的生命意义和价值是教育义不容辞的责任，需要构筑起学生成长的生命场域。"高琛说。

由学生会自主创建的学术社团组织"东北育才学校青年周恩来精神

研究会"是学校的骄傲。"敬爱的周总理是我们的校友,在这里他发出了'为中华之崛起而读书'的铮铮誓言。我们要以研究会为平台,通过开展课题研究,以总理精神诠释、丰富东北育才青年的精神内涵。"目前,学校已经形成了以周恩来少年读书旧址纪念馆为阵地,以周恩来中队、周恩来班建设为主体,以学生自主研究社团为龙头的青少年思想道德建设新模式。

辽宁是航空航天大省,沈阳也已建成通用航空产业基地。高琛敏锐地意识到,应该整合这些航空航天资源,为那些对航空航天领域感兴趣的学生搭建成长平台。2013年底,东北育才与中航工业沈阳飞机设计研究所签订共建全国航空特色学校的合作协议,由研究所提供院士等专家资源以及仿真飞行模拟器、飞机模型等航空教学设备和航空图书资料,与学校合作开展航空航天领域综合性的探究活动。

多年来,高琛带领学校坚持以课程改革推进创新人才培养,将课程改革与评价改革同步并举,以培养学生的思维品质和学习品质为核心指向,以主体化、多途径、体验式、探索型的高选择性课程体系建设为基础,以课程共享共建机制为保障,形成学校核心课程群。同时,不断丰富课程资源,借鉴STEAM学习理念,探索跨学科课程整合的有效途径和策略,为学生提供丰富的学习体验。并且,着力打造智慧课堂,积极推进教育与"互联网+"的深度融合,探索人工智能助力教学改革之路。目前,学校在翻转课堂、微课、慕课等研究领域均开展了较为成熟的教育实践,平板电脑操作、图形计算器等信息化手段,在课堂教学中也得到广泛使用。

带领学生到世界舞台的中央

汶川地震发生不久,东北育才世界遗产青年保卫者社团的学生利用课余时间,给联合国多个专业委员会专家和国内外的世界遗产保护组织专家写信,呼吁为汶川地震损毁的都江堰-青城山与大熊猫栖息地两处世界遗产地提供技术和资金援助。当年7月，社团收到了联合国国际文物保护与修复研究中心（ICCROM）总干事的回信。

当谈到这里时，高琛神情庄重地说："要为学生准备好未来，就需要教育者努力把每一名学生都带到世界舞台的中央，让他们站得更高，看得更远，从而唤醒他们潜在的学习需要，激发他们的探索兴趣和创新胆量，拥有更丰富的人生选择。"

多年前，高琛就开始了引领学校探索以"国际课程校本化、校本课程国际化"为实施策略的教育发展新模式，陆续开设了国际时事热点、飞行模拟驾驶等课程，引入AP（Advanced Placement，即美国大学预修课程）、SDP（Skills Development Programme，即技能拓展课程）等国际课程和CDIO［构思（Conceive）、设计（Design）、实现（Implement）和运作（Operate）的英文缩写］工程教育模式，还构建起了以项目活动为载体的探究性、活动性课程体系，为学生搭建起了跨年龄、跨学科、跨地域的交流、研讨平台。2017年、2019年，学校先后通过验收获得国际文凭组织（International Baccalaureate Organization，简称IBO）正式授权，成为辽宁省首家也是唯一一家IB-PYP（国际文凭组织小学项目）和IB-DP（国际文凭组织大学预科项目）学校。

作为联合国教科文组织俱乐部学校，东北育才积极推进国际理解教育，开展"以国际理解教育为重点，以世界遗产教育为抓手"的教育实践。学校利用生源多元优势，通过组织中外学生画展、画信、征文大赛、摄影大赛、公益广告创意设计大赛等活动，对学生开展传承国家与民族优秀文化、尊重文化多样性、增强环境保护和可持续发展意识等核心价值观教育。由于在世界遗产教育方面的显著成绩，学校成为全球屈指可数的获得"联合国教科文组织世界遗产教育实验学校"牌匾的学校。

为满足百姓"上好学"的期待，一方面，东北育才作为名校主动担责，2006年正式成立教育集团，继而不断扩大服务半径，就连远在天山脚下的农牧民子女和世界各地的外籍学生也有机会享受东北育才的教育资源。学校还通过慕课先修、专递课堂等方式,让那些不能走进校园的孩子同样获得学习机会。另一方面,东北育才凝练办学品质和学校文化,从校园建设标准、课程标准、队伍标准、管理标准四个方面进行完善和提炼,形成办学标准并向外输出,这不仅成为集团各成员校管理者的工作手册和教职工的行动指南,也成为学校辐射优质教育资源的重要保障。

《中国教育报》2020年5月6日

21 大爱洒苗乡，忠骨埋黔山
——追记贵州省贵阳市南明小学副校长、从江县大歹小学第一校长王玉

本报记者·景应忠　通讯员·罗海兰　袁春　陈亚

编者按

从江县是贵州最后脱贫的县之一，而位于从江县月亮山深处的苗族村寨——大歹村，则是贫中之贫。2019 年，大病初愈的王玉主动请缨到大歹小学支教。不分昼夜地忙碌，一家一户地劝返辍学儿童，王玉用心血一点一点地打造大歹小学。

蝴蝶妈妈，是苗族神话传说里的始祖和守护神。在校园里，学生们也把王玉亲切地称为"蝴蝶妈妈"。他们说，虽然"蝴蝶妈妈"飞走了，但留下了知识的种子、希望的种子。

王玉走了，走得让人猝不及防。

噩耗传出，八方含悲。刚刚被评为黔东南州支教名校长的王玉，因癌症医治无效，永远地离开了她深爱的学生和三尺讲台。

1 月 26 日，是王玉出殡的日子。遗体告别仪式上，贵阳、从江等地的哀悼者自发前往吊唁。一抔来自大歹村的黄土和一碗来自古井的清水，陪同她一起安葬，将王玉的生命永远定格在 48 岁。

把所有的爱给了大歹孩子

"新的工作地点：从江大歹小学；新的使命：教育扶贫攻

坚；新的梦想：当一名地道的乡村女教师。"这是王玉到达大歹小学后的第一条微信朋友圈。

时间回溯到 2019 年，怀抱着让贵阳市优质教育资源在贫困地区落地生根的初心，贵阳市南明区南明小学教育集团与从江县大歹小学正式签约，启动为期三年的教育帮扶工作。

彼时的王玉大病初愈，为着心中的梦想，她毅然请缨到大歹小学支教。当年 11 月 8 日，南明小学党总支书记陈晓丹、副校长王玉、骨干教师李艳、赵发勇一行四人赴从江县并进驻大歹小学开展教育帮扶。随后，根据工作安排，王玉担任大歹小学第一校长，蹲点帮扶学校办学。

从江县大歹村位于一片崇山峻岭中，在去往县城的公路没有修好前，很多村民连县城都没去过。2019 年 9 月之前，村里只有一个能提供一、二年级教学的教学点，三至六年级孩子要到 10 多公里以外的大融村小或者县城小学读书，村里适龄儿童少年失学辍学比较严重。

"我们一到学校即投入工作，身为校长的王玉更忙更累！"赵发勇说。

在南明小学帮扶教师、挂职大歹小学副校长李艳的记忆中，初到大歹，干得最多的就是与教学无关的"粗活"，运输颜料、粉刷教学楼、打扫专用教室、布置校园环境、冲洗操场校舍……"有一天刷墙，王玉累得腰都直不起来了，她也就找个墙角靠一会儿，又拿着刷子继续干。"

几乎从入驻开始到学期放假，学校的校园建设才算基本完成。王玉撸起袖子冲洗操场、带头粉刷教学楼的画面，也深深地印在了大歹小学所有师生心里。

"以爱育爱"，是南明帮扶团队为大歹小学确立的办学理念。王玉坚信，努力抓住爱的教育这一主线，开展各种教育教学活动，认真倾听孩子的声音，培养他们学会被爱、学会爱人，大歹娃们一定能够爱上学习，学好本领，走出大山。

2019 年 11 月 15 日，王玉发起了首届"爱在大歹"师生游戏节，她希望："我们亦师亦友，爱上校园这个家。"在小青蛙跳跳跳、小螃蟹搬家忙的欢声笑语中，南明教师、大歹娃娃的心开始逐渐靠拢。

2019年11月18日，大歹小学"习惯养成教育"活动拉开序幕。为了教学生们注意个人卫生，王玉和帮扶团队的教师们，坚持为孩子们洗脸、洗头、剪指甲、理头发。一个简单的洗脸动作，一天重复上百遍，手上不仅起茧子皲裂，虎口也隐隐作痛。可王玉诙谐地说："课堂上我们是传道授业解惑的老师，课堂外我们是洗剪吹一体的理发师。"

2019年11月28日，举行"从小学先锋——国防教育润童心"活动；12月4日，开展古诗朗读比赛；12月12日，"聚爱心、展风采"首届运动会开幕……王玉一个接一个的"花样"，留下了初心闪耀，也留下了脚步铿锵。

2020年9月，王玉发起成立"雏鹰社团"，进行分层教育。遴选出四、五、六年级的"佼佼者"和有学习意愿的学生后，王玉每天课后陪着他们做作业、读书，在他们心中埋下了学习的种子。

2020年12月，发现大歹娃娃对音乐情有独钟后，王玉带学生们录制了歌曲《蝴蝶妈妈》，让学生们在电台里大声说出自己的梦想……

"蝴蝶妈妈有12个孩子，就好像大歹的每一个孩子，也都是王校长的儿女……"采访中，赵发勇一度哽咽，泣不成声。

2020年大歹村过苗年期间，当潘叶简等11名学生穿着由王玉掏钱给她们买的演出服上台表演《听我说谢谢你》时，全校师生深受触动，有的家长连自己孩子都没认出来。"是王玉老师给了孩子们信心和爱！当家长的都舍不得掏钱给孩子买这么好看的新衣服，但王玉老师做到了！"一位村民说。

正如南明小学校长曹凤英所说："无子无女的她，把所有的爱都给了大歹的孩子。"

不断开阔师生视野，改善教风学风

王玉到任后，在曹凤英等的支持下，先把南明小学的各种行之有效的制度移植到大歹小学，再把主要精力用在组织各种优质教育教学资源去帮扶大歹小学，牵头组织制订《组团式帮扶大歹小学教育教学提升方案》，组织大歹小学教师学习课程标准，邀请南明小学"贵州省曹凤英名校长工作室"等在内的有关专家团队赴大歹小学搞教学诊断、送培送教等近100人次，组织大歹小学教师到南明小学跟岗学习30多人次，组织大歹小学学生赴贵阳开展"你好贵阳之旅研学""童眼看世界，同心向未来""音乐社团贵阳游学"等活动，开阔学校师生视野。

"我们经常劝她要爱惜身体多回贵阳休息，但她心里放不下大歹的孩子，她太爱这里了！2020年初，当她去医院复查得知癌细胞已经转移到肺部时，她还是舍不得离开。"李艳说，只要在学校，王玉不是在陪伴学生，就是和同事们一起，探讨如何把学校办好。

赵发勇说，王玉心中一直有一个梦，那就是希望大歹村的孩子特别是女孩子能有一个美好未来。2019年底，一名女生家里遭遇重大变故，为能从心理上及时帮助她渡过难关，王玉经常在放学后把她请到办公室，做耐心细致的思想疏导及心理干预工作，久而久之，孩子的情绪终于慢慢平复。

2020年11月，贵州省基础教育质量监测中心在对大歹小学学生的学业情况进行监测时发现，学生各科成绩与2019年相比上升4.7%，更多学生从不愿意上学到离不开学校，从到县城上学到留在本地上学，从只会说方言到可以大胆地讲普通话；学校还作为贵州三所学校之一被教育部确定为第一批乡村温馨校园典型案例学校。

"她率领学校全体教师克服困难不断努力，改善了大歹小学的教风学风。如今，学校一至六年级没有一个孩子辍学。"曹凤英说。

王玉还竭尽全力联系各种资源，发挥社会各界爱心人士的力量，为孩子们请来专业教师教唱歌、刺绣，为学校捐赠学习用具、生活用品等。王玉经常开玩笑说，每次打开手机通讯录，就会想一想，还有谁可以为大歹作出一点儿贡献？

可是如今，他们再也接不到王玉的电话了。

校园耕耘25载，视奉献为最美

一年最美是春天，人生最美是奉献。曹凤英说，作为一名爱美的女性和女教师，王玉是这样认为的，更是这样做的。

自1995年从安顺师专英语专业毕业以后，王玉就一直奋斗在教学一线。2001年9月，王玉参加南明区面向全省公开招考校领导，就任南明小学副校长。

同为南明小学副校长的赵瑾说，分管德育工作的王玉，到校不久即在学校推出一项在师生中广受关注的"酷爸靓妈进课堂"活动，每个班每个学期都会邀请班上学生家长到课堂来讲授一次与自己职业有关的社会知识，以拓展孩子们的见识。这项活动对孩子们触动很大，很多孩子毕业以后仍对当时课堂上的一些情节记忆犹新，活动现在已经成为南明小学的一道"招牌菜"。

王玉还自学心理学有关知识并考取心理二级咨询师资格证书，以帮助学生更好地成长。2016年，当得知贵阳某高中一名学生很叛逆，学业荒废以后，她就和爱人开车去学校找到该学生，帮助他消除心里的郁结。后来，这名学生顺利考上了大学。

"王玉喜欢和大家一起共进退！"南明小学教师杨婷婷告诉记者，学校人事工作没有专门负责人时，作为分管副校长的她，每年都全程陪同并指导负责职称申报的同事准备材料、修改和完善材料，直到所有材料审核通过。

从2017年被查出患直肠癌，到2018年被医治好后主动请缨到大歹小学蹲点帮扶，再到后来查出癌细胞转移到肺部，王玉一直坚持在教书育人岗位上，甚至一度还要求同事们为她保密。尤其是在大歹小学工作期间，她更是不知疲倦地在为学校奔波和忙碌。

1月22日，病情已经恶化到不能独立行走的王玉，还硬撑着想要参加当晚的家访和大歹小学第二天的散学典礼。无奈之下，同事只能通过"哄骗"的方式让她先回贵阳……

斯人已去，青山为证。王玉永远离开了我们，但她的精神仍旧激励着每一位教育人，将爱的种子播撒到每个孩子的心田。

《中国教育报》2021年1月29日

22 三封信里"看见"袁卫星

本报记者·于珍

编者按

作为一名语文教师,袁卫星在教育教学领域成绩斐然。但从"教书"到"育人",袁卫星一直在思考:"如果仅做一个'教学生语文的老师',而不是'用语文来教学生的老师',不能通过教育唤起学生对生命的珍惜和热爱,那么,教育的意义何在呢?"

让生命在教育中灵动地绽放。对生命的真切关注和对教育的真挚热爱,驱动他在语文教育教学的领域之外,开始"跳出学科看教育",同时"透过教育'育'生命",也唤醒了他内心的一个教育理想,开启了他教育人生中的"生命教育"之路。

"我心目中的好校长,是一个热爱读书的校长,一个热爱学生的校长,一个热爱教师的校长……"1998年,作为知名语文教师,袁卫星应某报邀约对心中的理想校长进行了描述。

20年后,作为深圳市宝安区面向全国引进的高层次人才,48岁的袁卫星出任深圳市新安中学(集团)第一实验学校(以下简称"新中实验")校长。很快,学校面貌有了改观,进入了跨越式发展的行列。这位在师生们看来直率、热情,还有点儿孩子气的校长,依然会不时翻出这篇文章,"时时对照,常常反省"。

"你们的大朋友:袁卫星"

袁卫星很爱写信。

出任新中实验校长之后，他给孩子们发出的第一封公开信是关于走路和出行的。这源于他的日常发现：课间，学生上下楼梯在奔跑；坐地铁时，车厢里有学生吃手抓葱油大饼；有学生骑车上学时，将自行车骑上快车道……

"对学生的培养，不是应该从日常行为开始吗？"在袁卫星看来，衣、食、住、行，既与知识有关，与能力有关，更与价值观有关。

在信中，他谆谆告诫孩子们："希望从今天开始，校园里不再有不讲安全、不讲健康、不讲文明、不讲伦理的学生；希望走出校园，不看我们的校徽，人们也能通过言行认出我们是新中实验的人。"

给孩子们的信，每封的落款都是——"你们的大朋友：袁卫星"。

作为学生们的大朋友，袁卫星把学生的阅读看得很重。全国政协副秘书长、民进中央副主席朱永新来校参观，一进校门完全震惊了，"不大的校园，除了书香，就是花香"。图书被"请"出了图书馆，几万册图书遍布校园各个角落，取阅无需任何手续，归还全靠自觉。

"书不仅没少，反而变多，因为不少家长、孩子把家里的闲置书拿来流通。"袁卫星说。学校还将原有的图书馆改造一新，交给地方图书馆办分馆，全年向学生及周边居民开放，成为馆校共建示范项目，还被评为深圳市最美校园图书馆。

在上学期的散学典礼上，袁卫星向学生们许下诺言，如果在寒假中看完10本书，并且开了学找他分享交流的，每人奖励一本他的签名书。于是，开学后，不断有学生推开那扇常年不上锁的校长办公室的门。一个实诚的五年级学生，提了沉沉的10本书找他"分享"。也有学生忍不住向他炫耀："校长，我这个寒假读了30多本书。"

早年被袁卫星的一场讲座"唤醒"并放弃自杀想法的一名外地学生感叹："好的老师正如同悬崖边的树，能挡住那些失足坠落的学生。"袁卫星很认同这句话。刚到新中实验时，一天听完课，袁卫星问后排一名几无收获的女生为什么不动笔不发言，她说，"我是差生"。他感到阵阵悲凉，随后发出了一个通知：即日起，请班主任将上课趴台的学生调至教室第一排，调回对这些孩子的关注，调出孩子的自尊和自信来。

他还聘请了两名爱打架的学生当他的特别助理，协助管好全校学生的校内外安全。"我相信他们是能转变好的，因为他们还只是孩子。只是，教育需要一些方法，一些过程，一些火候。"袁卫星始终认为，走进学生心灵，教育就会变得更加美好。

做给教师"搭梯子"的校长

袁卫星也爱给教师们写信。

"做得好，班主任是同学们生命中的贵人；做得不好，班主任也可能成为同学们生命中的缺憾。"在学校的第二届班主任节上，他致信勉励班主任群体。

都说火车跑得快，全靠车头带，但在袁卫星看来，没有好的铁轨，再好的火车头也开不起来；没有好的车厢，再好的火车头也拉不了东西。"好的铁轨就是好的政策，好的环境氛围。而好的车厢，就是校园里尊师重教的小环境、小氛围。"

每年教师节，新中实验的教师们都会收到袁卫星奉上的几枝康乃馨、一盒桃李。作为校长，他平时几乎每天早晨 7 点前到校，晚上 7 点半后离校，中午只在办公室沙发上躺一会儿，而且坚持上课，做副班主任。

有人不理解，这样做的目的是什么？袁卫星答："就是将学校管理工作重心下移，和教师们站在一起、干在一起。这样能更好理解尊重一线教师，尤其是班主任、毕业班教师，尊重他们的艰苦工作。"

"作为校长，老师要登多高的楼，就该尽量给他搭多高的梯子。"袁卫星说。2018 年 7 月，适逢学校建校 10 周年，他发动教龄 10 年的教师一起摘下他们当年创校时种下的芒果，然后开"芒果会"（教师发展座谈会）。击"果"传"话"，轮到发言的教师，个个红了眼眶，他们谈得最多的是专业发展。

这次"芒果会"上，学校确定，让每位教师每学期至少外出培训一次，并争取了成倍的各级课题，让更多的教师做"实践的研究者，研究的实践者"。学校还引入了朱永新教授新教育实验所提倡的"共读共写共同生活"的教师教育共同体建设理念，助推教师在个体成长的基础上再次成长。

尽管是校长，袁卫星还是觉得，生命的活力在课堂。作为语文特级教师，他也一直在带徒弟，引领着青年教师的成长。有一次，他和徒弟谈工作时说："教师的成长不能仅仅停留在做一个'熟练工'，教书就像是炒鸡蛋，是个技术活，你甘心用一种方法炒鸡蛋，并重复30年？创新无他，只不过求乐趣而已。"

"把教师教育的幸福体验、成功体验激发出来的校长，是最好的校长，我觉得，袁校长做到了。"一位青年教师这样评价袁卫星。

通过教育"唤醒"生命

还有一封特别的信，是袁卫星为校园里的两只鸭子而写。

2019年9月，袁卫星将两只流浪鸭带到校园，放到了学校鱼池饲养。学生十分喜欢这两只小鸭，每节课间都去鱼池边驻足。谁料，两只小鸭长大后在鱼池中乱咬刚种下的睡莲。它们不仅吃莲叶，更吃莲花，甚至还会把莲根咬断。

"这该怎么办？"袁卫星写信向全校"求助"，公开征集"校鸭"的管理办法。公开信一经发布，全校学生便开动小脑筋，纷纷献计献策。袁卫星认真回复了每名学生的意见，并牵头成立"校鸭管理委员会"，任命教师和学生为委员会成员，共同参与管理。通过"求助"学生，帮助解决鸭子和莲花的矛盾，将学生的视线聚焦到和谐自然、生命可贵这样宏大的课题上。孩子们认为，这是一堂有意义的生命教育课。

袁卫星对生命教育的关注和研究源于一堂普通的语文课。2003年，在他任教的班级里，一名心理脆弱的学生在日记本上写下了遗书性质的文字，被其同学及时发现并报告，作为语文教师和班主任的袁卫星在课前30分钟决定临时取消授课，改上"善待生命"主题课。课堂所呈现的生命的韧性和弹性，所探讨的生命意义和价值成功地挽救了这名学生的生命。

从这以后，袁卫星开始反思自己一直从事的"教书"职业，是否做到了真正的"育人"。在这个思考与求索的过程中，袁卫星投入到了生命教育的研究和实践中去，并把生命教育的目标定位为"唤醒"。

后来，在朱永新的鼎力支持下，袁卫星和南京师范大学道德教育研究所所长冯建军教授等人一起成立了新生命教育研究所，袁卫星任所长，由一个人研究实践走向团队行动。

研究所先后研制了《中小学生命教育课程指导纲要》，编写出版了贯穿小学、初中、高中的全套22本《新生命教育》（实验用书），并且在全国范围内组建了近300所学校参加的实验共同体，旨在通过系列化的课程帮孩子们实现健康的身体、积极的生活、有意义的人生等个体目标。

台风"山竹"肆虐深圳、新冠疫情来袭、学校的锄禾园里瓜果飘香……袁卫星不放过任何一次对学生进行生命教育的契机，开设了一系列的主题课程。

"希望孩子们通过这些主题课程，拓展生命的长宽高，在他们的自然生命、社会生命、精神生命方面都得到启迪，得到提升。"袁卫星说。学生们反馈，通过这些课程，他们学会了如何更好地去爱自己与他人。

袁卫星也给家长写信，信中他说，"请您放心，'让每一个孩子都成功'是我们的追求，也是我们的承诺"。

学生毕业时，他在信中这样写："请带走写在学校报告厅外面的三句话——做自己，做好自己，做最好的自己。"落款依然是"你们的大朋友：袁卫星"。

《中国教育报》2021年3月10日

23 包瑞：志在天涯何惧远

本报记者·刘晓惠

编者按

"当一个好校长，办一所好学校。"2016年，初到海南任校长的包瑞，面对中学一百亩校园只剩81名穿着奇装异服的中学生，中考成绩全县倒数第一，校园里竟有乱坟、猪圈的"凄凉"情景，没有退缩，提出了"打造海南教育品牌，争创宝岛特色名校"的宏大发展目标。

他先后扎根甘肃、海南两个国定贫困县农村学校22年，担任校长11年。他始终有着坚定的理想信念——让更多的乡村孩子越过那座山。

包瑞，海南省琼中黎族苗族自治县湾岭学校校长，第40期全国初中骨干校长高级研修班学员。

一位外来校长用三年时间，让一所面临撤并的乡村学校"起死回生"，全校学生人数从530多人跃升至1210人，一度落寞的乡村小镇，因为学生的回流又热闹了起来。

近年来，海南省琼中黎族苗族自治县湾岭学校的蜕变故事广为流传。校长包瑞是这个故事的主角，由他一手书写出来的"湾岭经验"，吸引了众多教育工作者前来"取经"。

"守"与"闯"
教育野心在热血中搏动

包瑞是土生土长的甘肃岷县人，履历很简单：师范院校毕业后回乡任教，在两所乡村学校里，他当过班主任、团委书记、副校长、校长。

教育是包瑞执着"守"着的行业。从十几岁起，他就认定了当教师这个理想。如愿走上教师岗位后，他开始藏不住对教育的"野心"，日夜想着"我不仅要当一个老师，还要成为一名校长，把所有对学校建设的宏伟想法付诸行动"。

"四平八稳""循规蹈矩"从来不是属于包瑞的形容词。在岷县维新九年制学校担任校长时，他开始展露身手。

包瑞提出了维新九年制学校的发展目标——"立足岷州、享誉陇中、驰名全国"，决定要把学校打造成岷州教育的名片、陇中教育的橱窗、全国教育的亮点。没想到短短12个字的办学目标，竟引来了一阵嘲笑。

"身在落后的西北村庄，一所乡村学校还想驰名全国？""包校长有没有自知之明？"……冷言冷语扑面而来，但包瑞不为所动，依旧我行我素，他的办学风格也如他的性格般不畏困难、激昂向上。

当时，学校后方有一座千亩荒山，包瑞组织学校把荒山承包了下来，带领师生上山种树，决心久久为功，把荒山绿化成森林。他还组织师生上山"重走长征路"，全校师生组成千米长队，浩浩荡荡沿山行走，真真切切体会长征的艰辛……一棵树一棵树地栽，一步路一步路地走，变化的不只是绿了的山头，师生的精神面貌提振了，教育质量也大为改善。

在维新九年制学校，包瑞写下了一个个励志且温情的教育故事，改变了许多师生的命运，不少人赞誉他"创造了'维新传奇'"。

包瑞天生骨子里就有一股不安分的闯劲儿。小时候，他是孩子王，喜练武术，调皮好动，下河捉鱼，上山攀树。长大后，这股子闯劲儿，让他在教育事业上不安于现状，不断寻求突破、大胆创新。

2016年，一次偶然的机会，包瑞得知海南正面向全国招聘优秀校长，他决定闯出岷县，去看看外面的教育天地。不久后，他成功竞聘到湾岭学校担任校长。

不惑之年，背井离乡，携妻带子，奔赴天涯。包瑞坦言，闯出岷县，确实需要巨大的勇气，而支撑这一切的力量，便是他未曾消退的教育野心和情怀。

"斗"与"和"
寸土不让守护乡村校

"海南的学校一定都有着椰风海韵、碧草蓝天的美景吧?"抱着美好的幻想,2016年5月,包瑞跨越山海,风尘仆仆从岷县来到2600公里外的琼中。

来到湾岭学校门口,包瑞傻了眼。校园杂草丛生,操场泥泞不堪,远处四五座乱坟,近处七八只鸡鸭,食堂旁边还有一个养着几头猪的猪圈。巨大的心理落差让包瑞皱紧了眉头。

让包瑞头疼的,除了恶劣的校园环境,还有师生们懒散的作风和消极的态度。老师们时常成群出入麻将馆和茶馆,无心教书。学生们身着奇装异服,喝酒抽烟,与社会青年拉帮结派,没有一点儿学生模样。

眼前的景象没有把包瑞吓跑,他很快从失落的情绪中走出来,燃起了破阻前行的干劲。他提笔写下一首长诗《来到湾岭》,抒发内心的宏图伟志,他在诗中写道:"我要让你这只丑小鸭变成白天鹅在岛上飞翔,我要让你这个村姑腹有诗书在华灯下舞蹈。"

于是,包瑞开始了他的"斗争"。

他与改造学校的施工方"斗"。重振学校先从提升硬件条件开始,包瑞拆除旧房、翻新操场、填平校园……从图纸修改到现场施工,从材料把关到质量验收,他事无巨细地参与。

在一次现场监工中,包瑞发现学校行政楼前的广场空地,东边比西边高出30厘米,他立马找来施工负责人质问,对方恶语相向,让他"不要苛求"。在据理力争下,施工方最终重新修缮,包瑞说:"校园建设不是为我,而是为了师生,不为一时,而是功在千秋,必须'寸土不让'!"

他与教师队伍"斗"。彼时学校的教师队伍已是一盘散沙:年年递交辞职信的副校长,上课时间在茶馆喝茶的班主任,哭着不愿当班主任的年轻教师……从他们眼中，包瑞看到了他们对教育工作的失望，他决定从做好教师的思想工作入手。

他找校领导干部谈、找教研团队谈、找基层教师谈，从理想到业务，从使命到决心，从事业到生活……一次不行就两次、三次、四次，在他一次次的撬动下，教师们逐渐卸下麻木冰冷的外壳，重新找回教育的激情与信心。

他与家长、学生"斗"。长期萎靡的湾岭学校已让家长彻底失望，为了挽回家长的心，也为了形成家校共育的合力，包瑞在学校里开起"家长夜校"，自己主讲家庭教育，到处散发传单，召集家长来听课。

"家长夜校"第一次开课时，包瑞心想，"只要来5个家长，我就开课"。没承想到了上课时间，教室里满满当当坐了60多个家长，包瑞燃起了斗志，酣畅淋漓地讲了一晚上，许多家长对学校的印象从此改观。

对于学生，包瑞宽严相济。宽，是他处处为学生着想，关心他们睡得好不好、吃得饱不饱、学习跟不跟得上，并开设各类特色课程培养学生阅读习惯、健身习惯，鼓励学生寻找自己的梦想。严，是他对学生一向要求严格，对于抽烟、喝酒、逃学等不良行为，他严加管教，绝不心软。

"斗"着"斗"着，全校师生家长逐渐"和"成一团，学校整体精神风貌有了翻天覆地的变化，校园环境优美，教师信念坚定，学生积极上进，原来"打蔫"的湾岭学校，如今充满了生机。

"上"与"下"
鸿鹄之志献乡村教育

湾岭学校"起死回生"的故事一传十、十传百，包瑞在海南也开始小有名气。一些地方开始向他抛出橄榄枝，但都被他拒绝了。

身边的好友得知后，纷纷前来劝说："你一直在乡村学校能有什么大成就？""湾岭学校的发展也算是到顶了，很难再有新突破了！"

包瑞不以为然，他不想做一名普通的乡村校长，从乡村到城镇，再静待退休，安稳过完一生。他还有高远的鸿鹄之志要实现——"我要打造一所'中国乡村名校'！"

"打造'中国乡村名校'"，这个听起来宏伟而又庞大的目标被包瑞真真切切纳入学校的发展计划，他为此写下了详细的建设方案。

何为"中国乡村名校"？包瑞解释，"名"不在优秀率、升学率，而是指以为中国广大乡村学校发展过程中存在的普遍问题提供解决方案为目标，探索出一条能大面积、快速度提高农村教育质量的路径，构建陶行知先生"办好一所乡村学校，改变一座乡村面貌"的新时代乡村教育典范。

"乡村养育我40余年，我必然要扎根乡村学校，反哺乡村，这是我一生都不会改变的理想。"包瑞说。

在包瑞的办公室里，挂着一首他自己创作的诗，他把扎根海南乡村的鸿鹄之志寄托在诗中——"志在天涯何惧远，他乡少有客居愁。黎民皆是吾父老，岂为小家忘国忧！"

谈起乡村教育，包瑞总有说不完的想法："当下，国家对教育的重视和改革力度前所未有，作为乡村教育工作者，我必须把握时代机遇，加强内涵发展，把湾岭学校创办成新时代的全国农村名校，让它的影响深远传播。"

包瑞心中的教育理想不断"向上"生长，他的脚步持续"向下"扎根，他把梦想铸为犁，在乡村教育的广阔天地中耕耘。

迈入扎根湾岭学校的第五个年头，包瑞再度起笔，写下一首《定风波·牛年再志》，抒发心中壮志：

不羡豪车与阙楼，此心直向浩茫游。布道宣仁传四野，身后，梅兰相伴凤凰丘。又问寄身家在哪？微笑，乾坤处处有同俦。若化江山漫天血，应信，一抔黄土盖千秋。

《中国教育报》2021年3月24日

24 李建华：我的秘诀是温度和故事

本报记者·李见新

编者按

回望从教的 30 多年时光，李建华说，温度和故事就好像两个行囊，陪他走过乡镇 9 年、城市 22 年，公办 14 年、民办 17 年，教师 20 年、校长 11 年，从烟雨江南到沃野中原，潇洒地书写着自己的教育人生，沉淀着自己的教育智慧。天南地北间，温度和故事又好像他的两条臂膀，让他在江南教育前沿里挥舞出方向，在中原文化沃土上挥动出力量。

李建华认为：温度，是教育的底色、磁场、翅膀和力量；故事，是教育的实践、经历、艺术和味道。温度与故事，就是他心中"把灿烂美好理念转化为具体生动实践"的桥梁，也是他教育之路上不变的信念。

乡镇 9 年，城市 22 年；公办 14 年，民办 17 年；20 年教师，11 年校长。31 年丰富的从教经历，让李建华对教育有着独特的理解和行动。

2017 年，李建华"千里走单骑"，辞去南京的公职，加入郑州市高新区艾瑞德国际学校（以下简称"艾瑞德学校"）。这一次行走，让他的教育理想得以绽放。短短三年，这所学校在中原大地声名鹊起。

艾瑞德学校成功的秘诀是什么？李建华给出的答案是四个字：温度、故事。

教育是从温暖人心开始的

"喂，你好！请问是天义的妈妈吗？""对！"

"我是李建华校长,今天打电话的目的是给您分享孩子成长进步的快乐……"

这是李建华每天"相约 8:30"的一个场景,这样的电话,他已经打了 400 多个。

2020 年春天,因为疫情无法如期开学,李建华决定每天录制 60 秒语音,通过微信公众号把平时想说的话传递给孩子们。

"同学们,开学啦""给自己定个闹钟""请记下你的体重"……"校长 60 秒"推出后,很快受到大家的热捧,并就此延续下来,成了学校每天第一节"一分钟微课",直到今天从未间断。

"我想让这 60 秒,以爱的名义,从云中落下,轻轻抵达每个孩子的心里,让他们觉得校长就在身边。"李建华说。

除了"相约 8:30""校长 60 秒",只要在学校,李建华雷打不动的日程安排还有 11 项:每天中午陪三名学生就餐,每天下午准时到校门口送学生离校,每周一升国旗时给学生讲故事,每周四阅读并回复"校长信箱"的学生来信……

李建华认为,教育等于爱与被爱,他因为爱着学生而被学生爱着。他在校园中无论走到哪里都会被学生"缠着",而他也喜欢沉浸在孩子们的叽叽喳喳中。

李建华认为,"每一名学生都是美丽的不同","不同"是客观的,也是"美丽"的,我们要用爱来悦纳这样的"不同",教育人的使命就是要用爱、用善、用不同方法让每一个"不同"的孩子都"美丽"起来。

有温度的教育,有故事的校园,留住了童年,也留住了孩子。

过去,招生季老师们要出去发传单;现在,入学要排号,来自全国各地的参观者络绎不绝,李建华也经常应邀到全国各地作报告。然而,更让他释然的是学生、老师和家长"看得见"的成长与变化。

"教育是从温暖人心开始的,学校应该是一个温暖的田园。"李建华认为,校长是学校温暖的符号,是师生成长的道具。他是这么说的,也是这么做的。温度、故事，在他的校长观中是永不变的，他要通过一个个故事，用爱的表达，带给孩子们希望和力量，让他们向阳而生、温暖前行。

老师们带着爱，像踩着风火轮奔跑

自 2018 年 5 月 3 日开始"日精进打卡"写作以来，李建华每天都写千字以上的文章，已连续打卡 1060 天，累计写了 153 万字。李建华称之为"教育流水账"，实际上这是他对办学实践的不断思考，是他的"实践教育学"。

除了写作打卡，李建华每天坚持做的还有很多：和老师们一起在小黑板上练习粉笔字，与全校老师共读半小时书，阅读并转发老师们的打卡文章……

李建华认为，教师发展是学校发展的核心，为提升教师综合素质和教育价值观，他总结梳理出"研、读、写、讲"教师成长"四件套"，并亲自带动教师通过实践锻炼成长。

"研"即研究儿童、研究课堂、研究教学，这是教师的首要任务，也是站稳讲台、守住专业的基础。"读"就是阅读，学校建有数十万藏书的读书广场，为带动教师阅读，李建华发起了"教师每月共读一本书"活动，书由学校统一购买发给教师。由此，读书成为校园的主旋律，分享阅读心得是教师间常谈的话题。

教师们还越来越善于将阅读的收获分享给他人，每月年级、部门、全校的读书分享会，每一位老师都参与其中，只要站上舞台，他们个个自带光芒。

学校坚持"每月一位专家进校园"，陆续邀请顾明远、成尚荣等 50 多位教育专家走进"名师大讲堂"，引领教师团队全面提升。让李建华惊喜的是，近年来老师们受邀到南京、成都、重庆等各种会议上讲课的越来越多，一支专业化、高素质的教师队伍正茁壮成长。

除了引领教师专业成长，李建华的"用心"也让老师们感受到校园里处处传递着温情，弥漫着爱。每位老师过生日，都会收到校长的祝福短信、学校发的蛋糕券、餐厅做的长寿面；学校教学楼专设了一间高标准的母婴室；学校为老师设立了"观影日""神秘天使日"等节日……

一位来校参观的校长惊奇地说："感觉这所学校是沸腾的，每一个人都带着爱、发着光，像踩着风火轮一样在校园里奔跑。"对此，李建华笑着回答："学校没有什么硬性制度，但通过人格的影响、做人方式的影响，形成了良好的教师文化，激发着大家的内生动力。"

带学生去观世界，让教育回归常识

"走自然生长教育之路，办有温度有故事学校"是艾瑞德学校的办学理念，"眼中有光，脸上有笑，心中有爱，脚下有力"是李建华确定的学生培养目标。

如何让这样的目标有抓手、有载体？在完成正常的学习任务和常规的实践活动外，李建华提出了学生在校六年必须完成的"特殊"经历和体验：一年级要"露过一次营"，二年级要"穿过一条谷"，三年级要"经过一种爱"，四年级要"访过一座城"，五年级要"蹚过一条河"，六年级要"翻过一座山"。

亚武山位于河南、山西、陕西三省交界，五座主峰平均海拔1800米以上。2020年7月，李建华带领六年级200名毕业生翻越了亚武山。

"亚武山见证了我们的成长，'翻过一座山'是我们毕业前的'最后一课'。其实，我们翻过的不仅仅是一座山，更是人生随时都会面临的困难与挫折。"李建华寄语毕业生。

为让三年级学生"经过一种爱"，学校组织学生在凌晨三四点，分组到城市的环卫站、公交站等地方，去探寻城市中"醒来最早的人"，并为他们送上爱心早点等物品。

"只要对学生成长有利的事情，我们都愿意做。"李建华感慨地说，教育要以天地为课堂，引山水入胸膛。"我们不带孩子去观世界，怎么能培养好他的世界观？"

李建华还提出学生要做到"六会"：会劳动，会游泳，会演讲，会写作，会旅行，会一门乐器。

在田园校区有300亩土地，每个班都分有一亩，学校制定了贯穿小学六年的田园劳动课程，学生按照课表安排到田地拔草、浇水、施肥，寒来暑往从无间断。学校根据学生参与劳动情况，每月评出"劳动之星"在全校大会上为他们颁发劳动奖章；学生种植的作物成熟后，学校根据各班的劳动成果，评出"劳动光荣班""劳动美丽班"等进行表彰。

十年的坚持，让劳动教育成为学校最大的亮点和特色。前不久，学校被河南省教育厅授予首批"河南省中小学劳动教育特色试点学校"。

"唯有变革，才能跑好教育的全场。"李建华说，"其实我们做的不是创新，而是让教育回归常识。"

有点理想主义的李建华一直在用心耕耘着一片教育的试验田，虽已年过五十，但他对"办有温度有故事学校"这一目标，依然满怀憧憬和激情。

《中国教育报》2021年4月7日

25 龙继红：探寻教育的人文性

本报通讯员·王玉洁　记者·赖斯捷

编者按

她扎根教坛 37 年，兢兢业业，耕耘劳作；她治校有方，历任长沙市育英、育才、大同等小学校长，逾 24 年，在每一个岗位上她都付诸全部心血，投入智慧热情，创造不凡业绩；她尽责履职，既是校长，又是长沙市人大代表，更是全省唯一一位以小学校长身份履职的国家督学，每一个角色她都做得出色出彩……

她把教育事业作为毕生追求，一生坚守。

2017 年暑假，累到已经失眠的龙继红计划到井冈山好好休息疗养。前脚刚到，后脚教育局的电话就来了：大同小学创建全国文明校园的事遇到了困难，赶紧回来。龙继红二话没说立即回到长沙，带领教师奋战，又是一个暑假没有休息。

临危受命，是龙继红履历中的特别之处。扎根教坛 39 年，拥有 25 年校长经验，龙继红经历过把薄弱校带成强校的高光时刻，也见证了名校的凤凰涅槃。

躬身教育事业的过程中，龙继红的教育思想不断成熟，渐成系统。拨开繁重琐碎的教育管理工作，龙继红践行着，也思考着：教育究竟为什么，我们可以做些什么？

文化，屡次临危受命都能成功的秘诀

长沙市芙蓉区大同小学所处的位置，在长沙人心中，有着无法复制的地理特征。相当长的历史时间里，湖南的政治、军事中心,省委、省政府、省军区,与学校的距离不过十来分钟的脚程。

2016年8月,54岁的龙继红接到调令,前往大同小学担任校长。此时的大同小学,正在经历一场困境:曾因地处老城区而发展严重受限,好不容易有了改扩建空间,却因为意见不统一,家长与学校、教师与教师间起了冲突。

龙继红扛起建校重任,广泛调研、协调关系,几乎每天都忙到晚上12点后才离开学校。半年后,学校顺利搬入新校园,紧接着校史馆建设、首届全国文明校园创建等工作接踵而至,龙继红啃下了一个又一个"硬骨头"。

这不是龙继红第一次临危受命。

长沙市芙蓉区育英小学,当时是省军区子弟学校,校风严谨却也保守。龙继红前往育英小学担任校长时,组织交给她的任务是,转变这所子弟学校的校风,避免故步自封。

"开放,是育英小学的突围之道。"经过调研,龙继红决定从教研改革入手,从广州、武汉等地引进优秀教师,激励教师进行开放式教学,努力激活这一潭止水。在师生的共同努力下,育英小学全体语文教师花了八年时间开展"日记小列车"作文教学实践研究,破解作文难题,使其成为享誉三湘的教育教研品牌,学校因此被评为"湖南省首批教育科学学科研究基地",系全省唯一获此荣誉的小学。

长沙市芙蓉区育才小学,前身是创办于1724年的育婴堂。历经数百年沉浮,到龙继红被任命为校长时,学校正处于发展的低谷。

"最大的问题是,教师没有归属感。"对于一所创办于几百年前的学校来说,于历史中寻找归属感,一定是合适的。龙继红的思路在实践中得到了印证——通过走访老校长、老教师,寻找育才历史,深挖育才文化,倾听新老教师心声,解决他们的难题,并以"育才人"身份,同全体师生分享育才文化、育才荣光、育才精神。有了文化认同,龙继红又快速组建起校本课程开发团队,带领教师推动"魅力园"体验课程及网络选课系统落地，这一课程先后荣获省校本课程建设一等奖、教育部基础教育经典案例优秀奖等多项荣誉。

从1996年初任校长至今，龙继红担任过八所学校的校长。不管在哪所学校，她都特别重视打造校园文化、培养教师和学生的人文素养与人文精神。20多年的校长履历，她也从一开始的主要依靠经验和制度治校，转变为依靠文化治校，在不断总结、归纳、提炼自己每一个教育实践行为中，逐渐形成了自己的教育理念：让每一个生命绽放独特魅力。

课堂里的学生，是她心中教育的本真

龙继红很忙，采访约了数次才成行。第一次采访，她正带着资深教师和年轻教师磨课。"语文老师要上好一堂课，首先得感动自己，才能感染学生。眼里心里得有孩子，教知识，也要教规矩。"龙继红的叮嘱温柔却不失力量。

"如此忙碌，为什么还要坚持走进课堂？"记者问。

"课堂里有学生。"龙继红说，新时代，教育手段日新月异，教育理念层出不穷，但不管怎样，教育人想问题、作决策，都应以学生发展为出发点。课堂，是践行这一理念的上佳之选。

龙继红除了担任校长，还有其他多重身份，经常到全国各地开展工作，"恨不得一天掰成三天用"。即便如此，只要有空，龙继红就走进课堂、走上讲台，哪个班弱一点，她就到哪个班上思政课；一有时间，她就组织教师听课、评课、磨课，引领学生和青年教师成长。

教育始终要关注的，是学生的多元发展。从浏正街小学的"少年武警学校"，到育英小学的"日记小列车"、育才小学的"魅力园"体验课程，再到大同小学的"同美体验"课程，龙继红每到一所学校，都为学生发展量身定做课程。

比如大同小学每周五下午"好玩的课"，便是孩子们最期待的时光。

在这一课堂里，孩子们学做饭、玩音乐、打羽毛球……

为什么会有"好玩的课"？龙继红说，自己爱思考，从事教育工作几十年，琢磨"除了学习和分数，处在小学阶段的孩子喜欢什么"已成为一种习惯。基于学校的教育理念，龙继红结合大同小学校情，开发了"同美体验"课程，它打破了班级、学科壁垒，想上哪门课，学生和家长共同选择。"同美体验"课程分为生命与健康、角色与责任、交往与合作、创造与审美四类，共50多门课程，既满足了1200多名学生个性化的选课需求，也考虑了家长对学校教育的期待和要求。

走进大同小学，随处可见孩子们的想象力和创造力——"踏前想一想，小草也在长""书也有家，请不要让它走丢"等文明用语，是孩子们想说的话；走廊贴满了学生的书画作品，连校长办公室贴的也全是孩子们的作品。

这与龙继红十分重视培养学生的主动性、创造性密不可分。大同小学通过制定和完善班级公约、文明公约，让学生成为学校的主人，鼓励他们为校园建设出点子。2018年，大同小学迎来70周年校庆，集校史展示和流动课堂为一体的校史馆落成，学校带领学生一起挖掘"美美与共，天下大同"的校园史话，让孩子们在设计校园吉祥物、编排音乐剧、担任校史馆讲解员等活动中，加深对校园文化的理解。

"目光所及之处皆应是教育，我希望用这样的校园文化氛围去涵养孩子的品质。"让龙继红欣慰的是，经过一系列探索，搬入新校园仅一年，学校就获评第一届全国文明校园。

育人，以"大同"之责传承树人之志

2017年，长沙市龙继红名校长工作室成立。几年间，多位校长加入工作室，成为学员。他们共同的感慨是，在龙继红名校长工作室，人人都是研究员，校校都是根据地，每参加一次活动，都是教育思想的洗礼，都能获得教育管理策略的提升。

"校长，引领学校发展方向，无论是管理理念、管理策略、管理体系、管理机制，校长都应有主见、有特色、有品位。"龙继红坚信这一点。在主持工作室期间，她始终围绕这一目标，为各成员学校搭建展示、交流、研讨的平台，引领大家积极开展课堂教学研究，使学员的办学理念更有系统、更具特色，所在学校办学质量有明显提高。

五年间，工作室坚持行走在乡村，行走在薄弱学校，问诊学校课程建设、校园文化建设，给学生们送上精彩课堂，给老师们送上教育智慧，给校长们送上管理之道。在工作室，不同观点汇聚、碰撞，使每一名校长的教育理念都能在思考中沉淀、在实践中成熟、在研讨中深刻、在活动中发展。

校长们迅速成长，越来越多教育改革先行者、教育实践引领者从这里走出，为长沙"办家门口的好学校"作了引领，像长沙市实验小学校长王云霞，在与大家的交流中，重新定位思考，以"书香校园"建设为契机，开展丰富的全员阅读活动，让校园充满浓浓的书香味，老校园焕发出了新生机。

除了关心校长队伍建设，身为长沙市人大代表，龙继红还积极建言教师编制配备、"进校园"乱象和大班额治理等问题。作为湖南唯一一名以小学校长身份履职的国家督学、市特级教师农村工作站站长，她的足迹遍布新疆、江西、贵州等多地，走过100多所贫困学校，为校长成长和农村学校发展贡献智慧与力量。

身份越多，责任越大，反过来让龙继红的视野更广阔，思考和实践更深入与笃定。龙继红常能跳出校园看教育，她致力于培养出有能力、有使命、有格局、有担当的学生，也期待通过影响更多校长，来影响更多学校的发展。

如何让学生拥有更广阔的视野和胸怀呢？在大同小学，龙继红通过各类教育活动，努力让孩子们理解何为"有教无类、天下大同"，理解学校建校时"天下大同、世界大同"的教育理想。

2020年新冠疫情防控期间,面对英国林肯敏思特学校校长"帮忙购买100个口罩"的请求,学校迅速行动,短短一天时间,大同小学师生家长将募集的6500个口罩运往英国,两国孩子以绘海报、录视频、写信等形式互相加油鼓劲。这一次的守望相助,让孩子们明白了何为人类命运共同体,一颗心怀天下的种子悄然生长。

龙继红说,创新应当成为学校的常态,而文化,是创新主要的思想源泉。传承和践行学校的文化与思想,培养具有家国情怀的时代英才,并最终实现教育兴邦的理想——这是龙继红和大同小学的追求。

教育究竟为什么,我们可以做些什么?回到文章开头的问题,翻开龙继红的教育字典,能找到清晰答案:让每个生命绽放独特魅力,好的教育,是发现与成全,让孩子性情更开阔,个性更明媚,生命更舒展。

《中国教育报》2022年3月2日

26 邹亮：一根跳绳带来的突围之旅

本报记者·甘甜

> **编者按**
>
> 2018年，全国教育大会提出，培养德智体美劳全面发展的社会主义建设者和接班人。随后，体育的育人价值被重新认识和更加重视。在实践中，一批体育教师出身的校长，他们或带领学校开辟出特色发展之路，或把体育精神注入办学理念，使校园展现出了不一样的面貌。江西省南昌市曙光小学校长邹亮就是其中的代表人物。

跳绳是江西省南昌市曙光小学一张耀眼的名片。

全国跳绳运动传统项目示范学校、全国跳绳运动大课间示范学校……凭借跳绳，学校获得各项荣誉称号，学生的体质、精气神也焕然一新。

"体育可以改变人的一生。"看到因跳绳而起的变化，校长邹亮满怀喜悦。

长期从事体育教学的邹亮，一直信奉体育的教育力量。他的职业生涯，也因体育增添无数亮色。

体育老师成了新校长

楞上小学是邹亮工作的第一站。

初登讲台，他只带两个班的数学。彼时全校没有体育教师，恰逢马上有个广播操比赛，没人带操。邹亮便成了"教数学的体育老师"，带着全校学生跳广播操。

也没秘诀，就是埋头苦练。没想到，学校在比赛中拿了不错的名次。

一工作就和体育结缘，让邹亮明白"多做多练"的重要，同时也磨炼出迎难而上的性格。

2004年，邹亮调任曙光小学校长。

外人眼中的高升，在邹亮看来却是困境：学生300余人，教师平均年龄近50岁，缺少校级以上骨干教师，教学竞赛无一能手；煤渣铺就的操场，简陋的教室，设施缺乏，校门口短短几百米路，却要拐上六七个弯，学校一度被戏称"七弯小学"；周边名校林立，家长对学校不认可。

在师资短缺、办学条件不优的条件下，如何为师生搭建成长的舞台？如何做好家长满意的教育？

"彷徨思考了很久，也尝试了很多方式。"邹亮最终落脚到学校的育人本质上。

此前，学校没有校级以上骨干教师，听评课流于形式，教师评课能力有所欠缺，教学竞赛缺乏参与积极性。邹亮相信，每位教师都有向善、向上的本能，不能一味批评他们"不愿动"。他决定，将工作重点放在发现教师闪光点，并为他们搭建平台上。

"一开始确实挺难的，因为有些亮点不是一下就能观察到的，只能耐下性子给他们时间和平台，让他们不断体验到成功的喜悦。"体育给了邹亮不服输的劲头，沿着认定的道路，他开始行动了。

让老师"近距离投篮"体验收获

在邹亮的办公桌边，贴着一张早已发黄的打印纸，上面是黑体加粗的一行字：把师生的成长和发展放在第一位，搭建平台发现亮点，挖掘潜力体验成功。

针对教师"遇教学竞赛就退缩"的心态，邹亮主导建立"聘请专家指导教学工作常态化、走出去学习经常化、交流互动常规化"的制度，让教师们在一个个"近距离投篮"中体验成长的快乐，并选派教师赴省外教育高地参加各类培训，教师向上的积极性被充分调动。

为了积极营造愿干、想干、争干的氛围，学校聘任骨干教师担任青年教师的师父，实行师徒结对，并给予师父一定的奖励或者课时津贴。

邹亮还多方努力，大力改善办公条件，"对老师好一点"，通过"暖心假"和"励志牌"，让教师以更加昂扬的斗志投入到工作和学习中。

一系列举措下来，教师不仅参与教育教学工作的积极性被激发，归属感和价值感也被唤醒。如今，教师不仅积极参加磨课，还一改单打独斗的传统，经常集体合作参加各类比赛，全校上下拧成一股绳。

从体育这块短板进行突破

体育，曾是学校的短板。

"一年一度的学生体能测试，学生们的成绩并不理想，尤其是跳绳，很多学生不能达标。"担任校长之后，邹亮还是上着体育课。

他下定决心，要让学生跳出"绳"采飞扬，让体育带动学校整体办学水平提升。

2015年，学校制定了一分钟跳绳评分标准，由体育教师保障技术教学，班主任牵头抓达标，学校校务会成员分年级督导，围绕"教会""勤练""常赛"这六个字，以班级为单位，利用每周体育课及课余时间进行训练。

"没想到，一个学期下来，学生给了我们莫大的惊喜。"邹亮回忆说，学校打算给按照国家标准得100分的学生颁发荣誉证书，谁知道全校80%的学生都得了100分，忙坏了印证书的教师们。

在弱项取得突破，师生们有了信心。

因为跳绳不受时间、场地的限制，适合学校面积小的条件，2016年，学校决定将跳绳作为特色课程来抓。

为破解师资瓶颈，邹亮一边邀请专业教师来校培训，一边选派教师参加全国跳绳教练员和裁判员培训。如今，全校所有教师均取得全国跳绳教练员、裁判员证，师资水平达到专业化标准。

为保持学生跳绳的兴趣，学校还开发了"跳绳课程"和"编绳课程"。前者包括速度跳绳、花样跳绳、"绳韵"大课间跳绳等课程，后者则主要从绳韵、绳技等板块开展跨学科综合实践活动，例如语文课的"探究结绳记事的故事"、美术课的"绳子缠绕画"等。

小场地也有大梦想，让邹亮欣慰的是，因为一根小小的跳绳，学生们变得更加阳光自信。竞技上，学校选拔优秀学生组建的跳绳精英队，参加了全省乃至全国跳绳比赛，并多次夺冠。强身上，每逢"绳韵"大课间活动，伴随着欢快的节奏、跳跃的音符，趣味的跳绳运动让学生快乐的童年在操场上激荡。

《中国教育报》2022 年 4 月 27 日

27 张基广：办孩子味、泥土味、中国味的教育

本报记者·程墨　通讯员·尚紫荆　朱爱国

编者按

1986年7月，他从中师毕业，担任一所中学的语文老师。从教30多年来，经常有人问他：到底什么是教育？

在"做教育"的实践中，他说："教育不是高压锅压出来的，而是文火慢慢熬出来的。""教育不只是告诉、要求、训练、打造，教育更是氛围熏陶、上行下效、潜移默化、春风化雨……"校园里，田径场里的土操场是他心中最关切的地方。他说："一直留着这块土操场，就是想给学校留一方'地气'，也让学校有了生长的灵魂，让学校里的人有了生长的灵气。"

每天早晨7:30左右，在湖北省武昌实验小学校门口，总有一个忙碌的身影。学生书包是不是自己背？头发是否梳理整洁？见人有没有问好？……校长张基广仔细观察着每个进校的学生，对于不恰当的行为及时予以纠正。寒来暑往，风雨无阻，张基广一站就是17年。

"一屋不扫，何以扫天下？"从教36年，当校长25年，张基广说得最多的是这句名言。从校外到教学楼，对于别人来说不过是短短五分钟的路程，但在张基广看来，里面每一个细节都是关乎着学生成长发展的头等大事。

从大处着眼、小处入手，遵循孩子的年龄特点和成长规律，教育学生牢记"祖国利益高于一切"，从细微处培养学生的良好行为习惯，追求"自然、从容、本真"的办学理念，践行孩子味、泥土味、中国味"三味"教育思想，张基广从

未停止过对教育本质和真谛的探索。

他为孩子们办了个"补短社团"

在武昌实验小学校园里，有一面特殊的文化墙。墙上没有其他学校常见的名人字画和定制的精美画框，反而挂满了学生们的各类原创作品，有充满天马行空想象力的漫画，有用毛笔字工整书写的办学目标，还有字迹稚嫩的手写文明规范标语。这些文明规范标语是由学校倡导，每个学生针对平时观察到的不文明言行自主提议，从1000多条意见中投票选出的。学生自己定的规矩，自己当然得率先遵守。

对此，张基广解释道："学校的每一面墙壁都属于学生自己。教育应该从孩子的角度出发，终极目的是让每个孩子在未来达成自我实现，从而拥有健康的身心、健全的人格、积极的人生态度和深度的幸福感。"为践行这一办学理念，张基广的办学举措始终致力于打造有孩子味的教育，适合孩子的需要，发展孩子的兴趣，保护孩子的纯真。

学校有一个不同寻常的社团，叫"补短社团"。在大多数学校里，学生社团是为有特长的学生准备的。善用批判性思维的张基广，一方面适当控制"培优"的对象、频次，减轻他们的负担；另一方面注重"补短"，为一些没有特长但依然想发展兴趣的学生提供空间。如专门为体质弱或体形偏胖的孩子组建了体育锻炼社团，让他们在教师的指导下，定时定点开展训练。"我也能行！"经过长期的训练，这些"豆芽菜""小胖墩儿"不仅身体棒了，自尊心、自信心也大增。

在张基广的办公桌上，一年四季放着一个糖罐，里面满满地放着五颜六色的水果糖。每次找调皮或犯错的学生谈话，他首先让学生挑选一颗糖，再"说事"；谈话结束后，又让学生带几颗糖回去，但不能自己吃，得给最好的"哥们儿""姐们儿"分享。久而久之，校长的糖成为最高的奖赏，成为最好的礼物，不仅让犯错的孩子放下思想包袱，乐意接受校长的批评和建议，也让他们学会了宽容和分享，融洽了同学之间的关系。

学校还设立了泼水节、毕业狂欢节等活动。泼水节当天，几十个大水桶排列在操场上，毕业生带着各类"武器"登场，一起涌到操场打起水仗，肆意尖叫、奔跑、泼水，所有的压力都烟消云散，孩子们的天性也得到释放……在武昌实验小学，孩子们的个性更加自由、性格更加乐观、创造力更加旺盛，成长发展有了无限可能。

"我要办的是都市里的'农庄'"

走进武昌实验小学的校园，各个角落里都有原生态的"素材"。学校教学楼的后方，是一块野生的土操场，四周青草肆意生长着。校园显眼处是三个盛满了沙子的大土坑，总面积约400平方米。每到课间，孩子们在操场上放肆奔跑、满地打滚，在沙坑里玩耍嬉戏、探索实验，和几十年前的孩子们别无二样。

在其他学校纷纷建起塑胶跑道、购买精美的喷漆游乐设备时，张基广坚持保留校园里的泥土元素，办有泥土味的教育。在张基广眼里，相比那些人工修建的、过度装饰的场所，自然的、充满泥土味的生长环境，可以让孩子们认识世界最本原的样子，锻造健康的身心，感受自然之美，在大自然中尽情探索发明创造。

校园围墙旁，可以看到一片高矮不齐的野树，在炎热的夏日，野树千姿百态地生长，撑开了一片绿荫。不难想象，它们在春天和秋天，枝头吐芽和金叶满园的生机模样。张基广介绍，前几年省里进行"绿化学校"评估，前来预检的绿化专家提议，学校野生树种很不规整，应清理掉，重新规划，栽种整齐的绿篱。但是张基广迟迟没有同意，学校因此丢失了一块"绿化学校"的匾牌。"对此，我一直没有后悔过。"张基广说，"这片野树是培养孩子们审美鉴赏力最生动的自然课堂。我要办的是都市里的'农庄'，追求朴素的'奢华'。"

为了减轻孩子们的作业负担，让孩子们更多地和大自然接触，张基广创造性地提出了"周三无书面家庭作业日"，鼓励学生们在这一天主动接受劳动教育、参与课外锻炼和自然探索。

"周三无书面家庭作业日"试验成功以后，张基广又推出了全国首个零作业实验班，孩子们一到六年级免除全部书面家庭作业，只需完成包含家庭劳动、体育锻炼、课外活动在内的六项"素质作业"。最终第三方考核结果显示，这批孩子视野更开阔、知识更渊博、个人爱好更广泛，而且更像儿童，更加天真活泼。

张基广常常和教师们谈起柳宗元的《种树郭橐驼传》。郭橐驼种树并没有什么特别的地方，只不过"能顺木之天，以致其性焉尔"。意思是，顺应树木的本性，让它自由自在地生长罢了。在张基广看来，"给孩子们提供自然的成长环境，遵循孩子们的自然成长发展规律，加以正确的引导，这样，一棵棵小树苗才能够汲取充足的养分，一路攻坚克难，直至成长为一棵棵参天大树"。

坚守"祖国利益高于一切"的校训

走进武昌实验小学的大操场，对面教学楼上赫然印着几个大字——"祖国利益高于一切"，这是武昌实验小学自 1952 年就立下的校训。每个周一的早晨，学生们都会穿上由张基广定制的中式校服站在这里——男生校服有着精致的中华立领，女生穿着秀美的民国风套装，精神抖擞、自信昂扬，一边行注目礼，看着国旗缓缓升起，一边认真聆听校长的校训教育。有时，张基广会结合校史资源给学生们科普中国共产党百年奋斗史，有时会介绍中华优秀传统文化和习俗……潜移默化中，学生们革命信念更加坚定，爱国热情更加高涨。

武昌实验小学创建于 1905 年，建在清代两湖书院和原中央军事政治学校（史称"第二黄埔"）旧址，恽代英、陈毅、徐向前、赵一曼等老一辈无产阶级革命家曾在此工作、学习、生活。近些年来，学校依托得天独厚的红色资源，着眼"坚定理想信念、厚植爱国主义情怀、加强品德修养、增长知识见识、培养奋斗精神、增强综合素养"六个方面，为党育人、为国育才，让这所浸润红色基因的学校历久弥新。

学校有一个特别的"赠新书仪式"。每到开学季，在家长代表、学生代表的共同见证下，学生们穿上整齐的校服，戴好红领巾，双手举过头顶去接过由学科教师颁发的、用红绸带精心包捆好的新书。通过这种方式，孩子们知道了书本是国家赠送给他们的礼物，要珍视知识，懂得感恩，用好学上进来回报祖国的殷殷期盼，为中华民族之复兴贡献自己的一份力量。

为了培养孩子们的奋斗精神，提升他们的综合素质，一方面，张基广提出，在每年少先队建队日，开展"英雄中队"的评选活动，以恽代英、陈毅、徐向前、赵一曼等曾在武昌实验小学工作学习过的无产阶级革命家的名字，为优秀中队命名，引导孩子们传承他们的革命奋斗精神，效仿他们的无畏勇气；另一方面，他在每个学期组织开展爱国主义歌曲演唱、演讲、作文、书画创作等比赛活动，提升孩子们的音乐、文学等综合素养。

美国作家塞林格在《麦田里的守望者》中写道："不管怎样，我老是在想象，有那么一群小孩子，在一大块麦田里游戏，附近没有一个人。我呢，就站在悬崖边守望。要是有哪个孩子往悬崖边奔来，我就把他拦住。"张基广就是那麦田的守望者，沉浸在泥土的芬芳中，守护着孩子们的健康成长。

《中国教育报》2022 年 8 月 17 日

28 李新生：惟勤惟志，向新而生

本报记者·魏海政　通讯员·张桂玲　贾延芳

编者按

21年，对一个校长的职业生涯来说并不算短，但李新生耐得住性子，以身示范，通过"勤志教育"带领师生劲儿往一处使，拧成一股绳，走出了一条农村县中发展的"样板路"。近年来，以历城二中为母体成立的历城二中教育集团，吸纳了30多所区域学校加入，探索出了一条独特的"农村包围城市"的教育道路。作为区域教育的掌门人，李新生正奔走在让更多孩子享受优质教育的路上。

2001年，李新生刚刚上任济南市历城区第二中学校长时，这所地处城郊农村的县域高中还是一个"烂摊子"，学生管理混乱，教师出门抬不起头；21年后的今天，历城二中成功"逆袭"为誉满齐鲁、走向全国的现代学校，英才教育、科技创新教育和艺术教育成为学校的三张名片。

这所县中成功蜕变的"密码"何在？随着采访的深入，我们感受到了李新生不断丰实学校文化场域，不急躁、不盲从，脚踏实地办教育的鲜明风格。

"历城二中这21年的发展变化，贡献最大的不是令人羡慕的成绩与光环，而是在'勤志文化'场域的影响下，区域和城乡教育差距的缩小，思想理念的更新，文明程度的提升。"李新生说。

21年，对一个校长的职业生涯来说并不算短，但李新生耐得住性子，以身示范，通过"勤志教育"带领师生劲儿往一处使，拧成一股绳，走出了一条农村县中发展的样板路。

他和学校的成长史，就是一部"勤志史"

李新生和他领航的历城二中，发展之路并不平坦。能走到今天，和李新生的成长经历密不可分。

出生于1968年的李新生是土生土长的历城人，个头高挑，身姿挺拔。12岁那年，李新生父亲患上了食道癌，一家人的生活陷入困顿。每天放学回家后，为病床上的父亲喂流食，成了李新生的"日课"。第二年，父亲还是走了。穷人家的孩子早当家，李新生跟着母亲干起了挑水、往田里推粪、种地的活。

从小当家的经历，磨砺了李新生吃苦耐劳的品质。他为人处世沉稳踏实，对自我要求甚高。

"干教育是良心活。"李新生说，"大学毕业后，我当了老师，当了校长，做了教育工作，就一直想着如何让和我母亲一样的家长，不再因为孩子上学的问题操劳，让农村家庭的孩子也能接受好的教育。"

在同事们看来，李新生"心底有谱，眼中有光"，每次研究问题或者开会，直奔主题，从不穿靴戴帽，"直接就说这个问题怎么才能解决，这个事情怎么才能办好"。身边的人形容他是"教育狂人""铁人"，每天工作十几个小时，总是不知疲倦。"无论是思想理念还是行动上，我们要小步快跑才能跟上他的节奏。"兼任办公室工作的历城二中教师张蕊说。

"如果说历城二中'逆袭'背后有什么奥秘，那就是不断生长的'勤志文化'。"历城二中执行校长李矿水告诉记者，"勤志"指学校"人生在勤，志达天下"的校训，经过20多年的实践和总结，"勤志文化"已成为每个历城二中人的精神烙印。

在李矿水看来，李新生每天的身体力行，就是对"勤志文化"最生动的诠释。历城二中校园里广为流传这样一句话："校园中最后亮着的一盏灯，是李新生校长的手电筒。"除了担任历城二中校长，李新生还身兼历城区教体局局长职务，每天的工作安排得满满当当：早上7点前到校，巡视校园的角角落落，安排好一天的工作，解决发现的各种问题，然后奔赴教体局办公，晚上从教体局下班后，他又返回学校，经常是一忙就到凌晨。

当然，只有"勤"，没有"志"——没有方向、没有目标的勤奋，也往往会劳而无功。"从小处说，教育就是培养学生良好的生活、学习习惯，让孩子成为对社会有用的人才；从大处说，就是要为党育人、为国育才，让孩子有堂堂正正做人的底气、志气和骨气。"李新生说。

做小事情，想大问题

在李新生看来，从点滴做起，坚持不懈地干小事、抓落实，形成文化场域，以人影响人，以美影响美，以文化影响文化，才是教育的正能量。

"教师留不住、学生不愿来、社会评价低"是21年前历城二中身上的标签。"当时，不仅本地的优秀学生留不住，被市区家长送来的学生，也基本是成绩差或是父母管不了的'问题学生'。"李新生回忆说，当时甚至有学生给校长写恐吓信，有家长在办公室推打老师。

从哪里破局？李新生决定，从小事入手，抓习惯养成，规范管理，逐步形成文化认同、审美认同、规矩认同，让学生有学生的样子。

李新生相信行胜于言。"教育就是关心和引领，老师就是孩子的镜子，孩子就是老师的影子。"李新生说，此前，学校还曾出现过教师因为担心学生考不好而在考试时放松监考要求的现象，他坚决杜绝这样的事情再次发生，"因为有怎样的老师，就会有怎样的学生"。

除了严肃校规校纪，严格师生行为规范，李新生以身示范，带领教师们从弯腰捡起一片废纸开始，培养学生良好的行为习惯，引导学生踏实认真地做人做事。

一开始，有人不认同李新生的做法和理念，认为他只会抓一些鸡毛蒜皮的小事，但李新生心里明白："要做小事情，想大问题；解决小问题，促进大发展。"他不急不躁，坚持抓习惯养成教育，坚持引领教师通过用心关爱，一点一滴、一个个地转化行为上有各种问题的学生。

"受校长影响，在校园里，弯腰捡起一片废纸，也慢慢成为很多师生的自觉行动。"张蕊说，"学校良好的风气就是这样一点点蔓延而成的，慢慢地，我们都明白了，校长捡起的岂止是一片废纸，更是在传递'勿以善小而不为'的信息。"

李新生常说："关乎师生的事，再小也马虎不得。"他雷厉风行、立行立改的作风，也潜移默化地影响着教师们。"学案有发必收、有收必批，考卷批阅不过夜，次日及时讲评"，逐渐成为每位教师的工作日常。

有这样一个故事在家长中广为流传：一个周末，一个历城二中的学生正在小区和几个孩子玩，突然听到国歌响起，这个孩子立即立正站好，朝国歌响起的地方行注目礼，其他孩子也在他的感染下立正站好。

这在社会上传为美谈，然而很多人不知道的是，每天早上7点，历城二中食堂，当中央广播电视总台播放的国歌声响起时，无论是正在吃早饭的学生，还是走动的学生，都会站定行礼——习惯成自然。

这样的故事比比皆是。信仰已经内化为历城二中学生的文化自觉并影响着其他人。李新生带领历城二中师生进行了一场精神的重建。

男生留平头，女生齐耳短发，这些基本的细节规范，曾被一些不了解实情的人当成妖魔化历城二中学校管理方式的"证据"。而随着学校走上良性发展道路，学生"三流成绩进来，一流成绩出去"，学校名师频频涌现，历城二中成为一所学生和家长心向往之的学校，这些谣言不攻自破。

为每位师生搭建发展阶梯

在历城二中，李新生力推高雅艺术进校园、科普报告进校园等活动，并逐步实现了常态化。

"我们艺术团的孩子，不仅个个有特长，还人人是学霸。"历城二中艺术团团长赵立秋告诉记者，在历城二中，并非文化课成绩不好的孩子才练艺术项目，而是进艺术团的孩子本身成绩都很棒，在这里进一步培养特长，提升综合素质。

十年前，赵立秋从一名小学音乐教师，调到历城二中当艺术教师，创建艺术团，那时的她一度心存疑惑：在一所严抓教学质量的中学，音乐教师能有用武之地吗？李新生鼓励她：从零开始，迎难而上。

十年来，赵立秋一刻也不敢松懈，和学生、艺术团一起成长。如今，历城二中艺术团已成为全省以及全国各类大赛的"拿奖专业户"，并被共青团山东省委授予"山东青年创新突击队"荣誉称号，是目前山东省中小学中唯一获此殊荣的学校社团。今年，历城二中两个舞蹈、器乐作品还被推荐参加全国中小学生艺术展演。

为什么如此重视艺术教育？李新生经常这样讲："不能光盯着文化课成绩，还要提高学生的综合素养，让每个孩子有自己的爱好特长，全面发展。"

在历城二中，像赵立秋一样的"副科"教师，个个都有施展才华的用武之地。2002年，历城二中信息技术教师高月锋刚到学校时，信息技术学科还处于非常边缘的地位。当时，学生社团还是一片空白，李新生支持他建起了机器人社团，高月锋的能量一下子被激发了。他带领一些对机器人感兴趣的学生刻苦钻研，不久，便荣获了省级一等奖。

2004年，高月锋带领学生进军信息学奥林匹克竞赛，吸引了更多的学生参加。随着学校教学质量不断提升，当外界有人认为历城二中的学生只会死学、老师只会死教时，历城二中五大学科奥赛全部开展起来，还开设了"科技创新思维"普及课，惠及所有学生。2012年，李新生把老校区的一层楼挤出来给高月锋开展创新教育，重点培养学生的创新意识和发散思维。2018年搬迁新校后，李新生又规划出一栋楼，建起了创客中心，支持高月锋带领团队研发人工智能技术支撑下的科创教育系统，不仅解决了师资缺乏的难题，还促进了学生的个性化学习。

如今，因参加科技创新教育而受益的学生，有的成了"专利创新之星"，有的发明了数学公式。学生申请国家专利4367项，获得国际奥林匹克竞赛金牌5枚，全国五大学科奥林匹克竞赛金牌52枚、银牌48枚。依托历城二中创客中心成立的历城区少年科学院，服务全区30所学校、1万多名学生。历城二中也成为清华大学、北京大学等几十所国内一流高校的优秀生源基地，近年来向顶尖高校输送的拔尖创新人才位居全省前列。

面对种种成绩，李新生保持着一贯的清醒："我们拒绝功利性的'升学'目标，更希望帮助每个学生找到终身受益的发展方向，扎实探索拔尖创新人才的培养途径，培养能够担当民族复兴大任的时代新人。"

"教育不是我一个人的事，也不是历城二中一所学校的事，我们还有很长的一段路要走。"李新生说。近年来，以历城二中为母体成立的历城二中教育集团，吸纳了30多所区域学校加入，探索出了一条独特的"农村包围城市"的教育道路，作为区域教育的掌门人，李新生正奔走在让更多孩子享受优质教育的路上。

《中国教育报》2022年9月14日

29 苗禾鸣：带动集团校从数量"裂变"到内涵"聚变"

本报记者·魏海政　通讯员·张桂玲　王敏

编者按

他原本在高等学府工作顺风顺水，却被突然调到小学担任"灭火"校长；他敏锐善思，抓住时代赋予的发展机会，以独特的经营天赋，从一所小学出发，孵化出拥有 50 多所学校的大型教育集团，把优质教育的种子撒播到齐鲁大地的角角落落……他是苗禾鸣，是教育大地上的园丁，在阳光下挥汗如雨地耕耘，收获一个又一个瓜果飘香的秋天。

他是儒雅的学者，更是教育改革的先行者。

从一所小学出发，他仅用 6 年时间就孵化出了拥有 57 所学校的大型教育集团，把优质教育的种子撒播到了从幼儿园到高中等各学段学校，涉及不同办学体制、不同合作模式。与山东省 12 个地市的学校以及云南、新疆等边疆省份的 5 所学校建立了拉手帮扶关系；与 15 个国家和地区的 24 家教育局或学校缔结了友好合作关系……他就是山东师范大学基础教育集团这艘教育航母的"掌舵者"苗禾鸣。

从联盟到集团，从鲜有人知到求合作者络绎不绝，他带领集团从 0 到 1，从 1 到 N，以惊人的速度实现了从规模与数量上的"裂变"到文化与内涵上的"聚变"。

看得见需求：为基础教育体制创新探路

1996 年，苗禾鸣临危受命，担任山师附小校长。其间，他的多个创举，都走在了全省乃至全国前沿。

比如，2006年，他大胆地提出了家庭作业"减负令"：一开始，低年级、中年级、高年级分别控制在半小时、一小时、一个半小时之内，作业量在学校网站公布，接受家长监督。后来，干脆取消了一、二年级家庭书面作业，同时开启了"要向课堂40分钟要质量"的课堂改革。

2007年，在他的倡导和筹谋下，为五年级学生开设了一门特色课程——户外课堂，一周时间内不上文化课，而是走进军营、企业、农村、产业园，寻访老济南，参观电视台、机场……

与此同时，他还在全省率先开起了儿童哲学课、游泳课、形体课、阳光体育健身课、心理健康课……他对山师附小的育人目标有着清晰的定位："为20年后的中国社会培养具有民主意识、科学精神、人文素养、国际视野的优秀人才。"

然而，新时代背景下，人民群众对优质教育的追求与优质教育资源稀缺之间的矛盾日益突出。矛盾聚集之下，均衡之路该怎么走？

苗禾鸣认为，教育公平的关键，是优质教育资源的有效分配。

"这就需要我们的教育走向多元化，增加选择性，拓宽办学渠道，形成教育服务市场，提升教育资源的丰富度与辐射力。"20世纪90年代初，教育领域开始涌现出集团化办学，苗禾鸣也迈出了探索的脚步。

他认为，通过集团化办学，进行体制机制的创新，将优质教育资源进行重组、分配，可以盘活资源，打破校际壁垒，使优质教育资源保持平衡。而山东师范大学建立基础教育集团，有着得天独厚的优势——优质的教育培训资源，先进的教学理念、教学方法、课程设置、实习实训基地建设等一整套科学的管理运行机制，这些都为集团的发展提供了强劲的保障。

2014年，山东师范大学基础教育集团开始筹建，仅半年时间，就在省内七个地市拥有了22所学校，覆盖了学前教育到高中四个学段。苗禾鸣认为，集团的成立，远不止于扩大优质教育资源，也是对僵化教育体制的冲击。比如，集团创新采用矩阵式管理：校部联动，融合发展；纵横交错，职责对接。

实践证明，与科层制管理模式相比，矩阵式管理模式能有效提高管理效能，加强集团与校园区互动，更好发挥部门专业引领和服务学校的作用。尤其是采取"集团聘、学校用"的方式开展新教师聘任，教师由"学校人"变为"集团人"，根据学科、编制需求灵活调配，有效盘活了教师队伍资源。

2019年，他提炼出了集团转型的"六字箴言"：瘦身、强体、迭代。瘦身就是由科层制结构向扁平化结构转变；强体就是由规模扩张型向内涵发展型转变；迭代就是由管理组织型向资源平台型转变。一场新的变革，推动集团开始由数量上的"裂变"转向文化与内涵上从N到1的"聚变"。

播撒信念：高质量教师队伍的成长密码

"我们是一支名副其实的'虎狼之师'！充满激情，富有战斗力！"

"忙并快乐着，累并充实着。"

采访中，让记者感受最深的，就是每个受访教师激情满满、斗志昂扬的状态。

这背后，离不开苗禾鸣在集团内创设的各种有效制度的驱动。

比如，为充分体现民主与尊重，从附小一直延续到集团的"学校党政联席会议制度"；对年轻后备干部进行"多地域、多校区、多学段、多岗位、多学科"的培养模式。

再如，在集团校之间开展"联学、联教、联研、联考"的"四联"优质资源共享模式；新进教师都要在总校培养锻炼一两年之后，再分配至分校工作并进行跟踪式培训等。

在苗禾鸣看来，集团的发展秘诀除了制度，还有"文化＋价值"引领的力量。教师业务能力的提升固然重要，但在集团内营造一种"人心齐，风气正，干劲足"的文化氛围，才是深层次的推动力。

活力充沛的团队，有效激发了集团直属校自身的"造血"功能。在完善学校管理、提高办学质量基础上，各校进一步思考文化建设：以校本课程、社团活动、课外实践等为依托，进行特色活动、校本教材的研发，提升学校特色发展力。

早在山师附小期间，苗禾鸣为一位妻子怀孕待产的教师让出了一套126平方米带电梯的单位住房的行为，就让教师们深受感动。"这件事情，感动的不只是这一位教师，而是整个教师群体。"教师王敏说，十几年来，类似的故事早就难以数清。比如，下午开会，苗禾鸣还会提醒那些需要到幼儿园接孩子的教师先走。

"有情有义地相处，有声有色地工作，有滋有味地生活。当你被浸染其中，自然就会每天都能量满满。"王敏说，或许，这就是一种集团所特有的精气神：甘于奉献，情愿担当，锐意创新……

扶助薄弱校：在最需要的地方留下"带不走的力量"

"到农村去，到最薄弱、最需要我们的地方去。"这是苗禾鸣从成立附小联盟到发展为基础教育集团以来，一以贯之的行动方针。

怎样才能为合作校提供最适切的帮助？

苗禾鸣打出了"四个一"的"组合拳"：为合作学校提供一套好班子，一支好队伍，一个好制度，一个好课程体系。通过3~6年的帮扶，为学校留下一支带不走的力量。

"集团的新建校并非简单地复制、粘贴，而是立足实际，积极探索适合自己的新路。"苗禾鸣认为，"集团既要形成共同的文化特征，又要形成不同的、具有自己特质的学校，多样性是集团化办学的不二特征。"目前，集团内80%以上的学校，尤其是基础较弱的学校，均形成了相对成熟又各具特色的学校文化品牌。

在他的带领下，集团走上一条从输出优质师资到输出优质管理模式的升级之路。

集团成立后开启合作的第一所学校——德州经济开发区太阳城实验学校就是一个生动的例证。

据时任太阳城实验学校校长李新征介绍,这所位于城乡接合部的学校,在建成之初就面临生源质量参差不齐、经费投入不足等重重困难。在苗禾鸣的鼓励下,李新征结合区域教育实际,研究制定了全方位的办学方案,涉及教育理念、管理模式、教师培训等,展开了"任务单达标"的教学改革尝试,并很快带领这所学校走出了发展困境。

2020年7月,根据协议,六年的合作画上了句号,这所学校以看得见的成绩交上了一份圆满的答卷。

"能再续签协议,延长合作吗?"

面对当地教育局的续签意愿,苗禾鸣还是坚持了集团办学的初衷:"当我们集团的理念、文化和人文基因植入合作校以后,学校就会孕育出一种自我生长力,即使我们的人走了,已经形成的这种生长力是带不走的。选择离开,是因为还有更需要的地方在等着我们。"

坚守住教育规律:为生命成长服务

"做教育要守住两条规律:一是遵循社会发展的规律,反过来为社会发展服务;二是遵循人的生命成长规律,反过来为人的生命成长服务。"这是苗禾鸣常挂在嘴边的一句话。基于此,他提出了"专业、尊重、协作、卓越"的核心价值观,而这一切最终指向即是"儿童立场"。

作为集团直属校,齐鲁实验学校的"校长有约"活动一直深受学生喜爱。

在一次活动中,校长孙艳梅发现学生李秋钰对中国历史特别感兴趣。于是,孙艳梅就鼓励李秋钰利用寒假多多积累、深入研读,打造一个"学生讲堂"课程,讲给同学们听。深受鼓舞的李秋钰带领小伙伴自主研读、梳理教学点、设计教案、制作课件。仅仅一个寒假的时间,这支团队就备出了 14 节课。

后来，她们成立了"齐鲁·风云少年"工作室；在全校升旗仪式上，孙艳梅亲自为工作室授牌。在大队辅导员吴聪的帮助下，历史团队在五年级寄宿部开课五次，深受欢迎。

在集团合作校——历山双语学校的校园里，有一个漂亮的"树屋滑梯"。它的创意来源于一份少代会学生提案，让提案的提出者梁家铭、马圣航等激动的是："梦想这么快就变成了现实！"后来，孩子们还结合语文课上刚刚学习的拍手歌，编出了"滑梯公约"。

在苗禾鸣看来，校本文化是一所学校的精神名片，能够体现教育规律是基本要求。从齐鲁实验学校追求"看见每一个"，到历山双语学校"看见人，发现人，培养人，成就人"，都是对集团教育理念"教育就是服务"丰富内涵和育人追求的生动诠释，也是集团教育质量一直呈上升态势的内在原因之一。

为办好人民满意的教育，2022 年 5 月，山东师范大学以更高站位，率先在省内高校中打破附属中小学校的"围墙"，搭建附属学校和集团办学的协作机制，建立起新型的基础教育一体化发展模式。

苗禾鸣表示，新的模式将打破内部壁垒，附属中小学和集团校之间将毫无保留地分享教育经验、共享优质教育资源。未来，基础教育一体化通过协同形成的优势富集效应，必将推动成员校从个体优秀走向群体卓越，这一"链式反应"将极大赋能区域社会经济发展，满足群众对更加公平、更高质量教育的强烈愿望。

《中国教育报》2022 年 11 月 9 日

30 杨培明：向美而行

本报记者·王家源

编者按

他提出了"办关注师生生命幸福的教育"的教育哲学主张，形成了"以美育重构校园生活"的学校发展路径，致力于把学校建设成"普通高中改革与发展的前沿，实施高品质素质教育的典范，百年名校文化传承与校园文化建设的标杆，展示中国基础教育形象的魅力窗口，江苏领先、国内示范、国际知名的现代化江南名校"。他以美育重构中学生活，在学校转型路上既当梦想家，也是实干派。

若没当老师，杨培明本想成为一名飞行员。

17 岁时，身体素质很好的杨培明在飞行员招飞体检中脱颖而出，像苗子一样被学校保护了起来。没承想，最后却因为种种原因落选，阴差阳错走上了从教之路。

杨培明 35 年的从教生涯中，南菁高中占了 20 年。在南菁高中转型的路上，杨培明既当梦想家，也是实干派，他提出"以美育重构中学生活"愿景，并在实践中构筑了严密的行动路径，带领这所百年老校向美而行。

"学校是我愿意去的地方"

要是不出差，每天早上 6 点，杨培明会准时出现在学校，把教室巡查一遍。晚上，再沿着校园走一圈。这是一天里杨培明最幸福的两个时间点。

暑假，杨培明几乎天天在学校，食堂不开，他让学校保安给他也订一份盒饭，在办公室里埋头看书、写作。

只要在学校，杨培明就感到安心、踏实。

杨培明出生在无锡市江阴一个偏僻的农村。小时候，尽管村小校舍简陋、课桌破旧，但在杨培明眼里，学校依然是美丽的。教室房檐下响起的上课钟声，是他童年里最美的乐曲。村小只有两个班，实行复式教学，语文老师丁榴华先安顿好教室里一半的学生抄写生字，再给另一半学生上课。直到现在，杨培明依然能在嘈杂的环境中阅读、思考，就是那时养成的习惯。

初三时，家庭的变故让杨培明一度辍学。有半年时间，他跟着母亲做农活，理想是买辆手扶拖拉机赚钱养家。母亲很有教育智慧，让他自己做选择，半年后，他回到了学校。

物质的贫乏没有消磨杨培明的意志。杨培明热爱阅读，高中时几乎能把历史、政治、地理课本整本书背诵下来。如今，"有思想会表达"寄托着他对学生的希冀，他以身作则，所有的公开演讲都坚持脱稿。学生们亲切地叫他"杨三点"——讲话一般讲三点。

而鲜为人知的是，杨培明曾有轻微口吃，一紧张还容易表达含糊。他清楚记得，1986年自己初到无锡教育学院汉语言文学专业学习的第一天，就因为口音问题闹了笑话。"我把'昨天'说成了'ca天'（江阴方言），引得全班哄堂大笑。"在老师的鼓励下，为了练习普通话、治好口吃的毛病，此后每个清晨和黄昏，杨培明都会在学校旁边的古运河边含着石块高声朗读。

毕业后，杨培明被分配到江阴市西石桥初级中学担任语文教师，是全校31名教师中第四位公办教师。对那时的杨培明来说，最痛苦的莫过于自己在教学上遇到问题却找不到请教的老师。他想到了自己实习时的师父——江阴市青阳中学语文教师郁洪千。于是，每周六，杨培明骑一个半小时的自行车前往青阳中学，把自己一星期的教学困惑和盘托出，在郁洪千家的沙发上睡一晚，第二天再骑车回学校。整整三年，杨培明在郁洪千的指导下完成了一轮初中语文教学循环，带出了学校历史上中考成绩最好的班级。

与此同时，杨培明开始在江阴市的新教师课堂教学"大比武"中崭露头角，并有机会走出农村初中的小天地，听到更好的课，参加各种学科活动，走入更广阔的平台——1995年，杨培明被调到江苏省江阴高级中学，两年后成为学校里第一个教高中的专科生，此后每年，他都被委任更为重要的管理岗位；2003年，杨培明被调任江苏省南菁高级中学副校长，并于2013年接任党委书记、校长。

回首读书求学路、为站稳讲台而努力走过的路，杨培明感慨地说："我没有深厚的教育背景，幸运的是一路上遇到了好老师、好学生，是他们成就了我的教育人生，让我更加坚定，学校是我愿意去的地方，是值得我坚守的地方。后来参与、主持学校的管理工作，角色的转变也让我一直努力把学校打造成师生都愿意去的地方。"

以美育重构中学生活

上任校长的第一个元旦，杨培明与班子成员北上去名校考察。来到天津的第一站，出租车司机得知他是位校长，指着前面几个学生说："他们一看就是南开中学的。""你怎么判断的，他们又没穿校服？"司机回答他："我只要看他们走路的姿势和脸上的神情就可以判断出来。"

张伯苓先生当年所订立的《南开镜箴》以这样的故事展现在杨培明面前，带给他很大的触动："我当时就想，如何让江阴的老百姓在大街小巷看到我们的学生也能认出这是南菁人？"

当时，南菁高中正经历转型期，亟须在新的发展阶段凝聚共识。

学校到底要培养什么样的人？杨培明把自己关进校史室，试图从学校百余年办学中优秀校友的成长经历中找到一些共性。"那些毕业后能做出一番成就的学生，往往都综合素质高、人文情怀浓、审美意识好、责任意识强，在学校时就是一个全面发展的学生。"这样的发现加深了杨培明对教育、对人才培养的理解，"教育要真正关注学生的成长和未来，而不仅仅是成绩和在校的三年"。他在全校发起"南菁气质"大讨论，最终，南菁高中学生独特的精神气质被全体师生凝结为18个字：有思想会表达、有责任敢担当、有爱心能宽容。

学校到底要走怎样的发展道路？在回望历史的过程中，历史也给出了答案。"通过梳理办学历史，我们发现'审美'已经融入了学校的基因和血脉，我们要注重历史文化的传承和传统教育的时代转换，以美育重构中学生活，让教育走向美学境界。"杨培明说。

走在南菁高中校园，每处角落都散发着浓郁的人文气息，为学生价值观的形成营造了一种文化场。

南菁高中创办于1882年，其前身是江苏学政兼兵部左侍郎黄体芳在左宗棠协助下创办的"南菁书院"。清末，它是江苏全省最高学府和教育中心。学校抓住异地新建的契机，精心提炼传统书院文化。整个校园采用历史传统与现代建筑相交织的轴线形式，箭炬式老校门、南菁书院课生名录、书院碑廊等历史遗存精华的复制、移植、创制，与校友捐赠的沈鹏艺术馆、邢秀华书法馆、顾明远书屋等共同构筑了厚重的校园文化景观。

为让美育落地，杨培明对课程进行重构，整体构建了包括120余门课程的"大美育"课程体系。

"我们不把美育理解为一门学科，而是将美育的要求与学科教学结合起来，让美育面向全体学生，贯穿于教育全程，涉及所有学科，融入日常生活，成就学生的全面发展。"杨培明解释说，"比如，每门学科都有独到的美，语文蕴含语言美，化学蕴含变化美，政治蕴含思辨美，对学科美的挖掘不仅成为美育课程开发的重要途径，从某种意义上来说，也是对学科本质的把握。"

在历史老师开设的"江阴考古"课程中，学生们了解了自己生活的土地上曾发生的故事、出现过的先贤，与家乡建立了精神联结；在地理老师开设的"仰望星空"课程中，璀璨的夜空不仅仅是天文现象，更是人与天地的沟通。这些看似与高考无关的课程，却可能影响学生一生。

在杨培明看来，当前基础教育最大的弊端在于过于强调整齐划一和强制归顺，教育的实践属性和情感属性没有得到应有的重视，很多时候还是围绕着应试在搞机械训练。"高尔基曾说'美学是未来的伦理学'，我更愿意从教育的角度理解'美育是未来的教育学'，基于这样的认识，我认为教育一定要彰显美学精神，重视教育的精神培育和人格塑造功能，培养学生成为完整的人，永远具备向美而行的能力。"

让教师过上更专业的生活

对于"校长的第一使命"，杨培明心里始终有一杆秤，那就是有没有带出一支高素质、专业化、创新能力强的教师队伍。

2017年，当资深语文教师寇永升被引进南菁高中时，杨培明交给他的主要任务不是教学，而是"当老师的老师"。

每年新入职的语文教师，寇永升都会先带一年。"在很多学校，老师们怕写文章，认为写文章与日常教学是'油水分离'的，我们则把两者结合了起来。"寇永升从自己的成长经历出发，第一课就是教会新教师如何备课，从而学会总结与反思。

2021年入职的丁维佳至今还记得站在寇永升办公桌旁学习备课规范的情景。在他看来，在这些方法论之外，他更多从师父身上学到了如何做学问、如何做教师、如何对待学生，成为他从教之初的一笔宝贵财富。

在南菁高中，教师堪称"一级保护动物"。学校有一条不成文的规定，教师要出书，由学校出钱；教师外出听课、参加研讨，学校一律放行；其他学校认为浪费精力财力的学术活动，南菁高中乐于承办；学校千方百计为教师成长搭建平台——"江苏省首批美育课程基地"等四个省级课程基地先后在学校落户，与高校和科研院所建立紧密联系，鼓励教师积极申报教科研项目和各级课题研究；组建项目团队，带动教师参与学校各项课程改革项目……随着越来越多的教师被"卷"了进来，全校的教科研氛围越来越浓郁，教师专业发展的积极性越来越高涨。

杨培明还给自己定下目标，每年至少发表10篇文章，作30场讲座。对此，他从不隐瞒自己的观点："一所学校的教科研能不能搞起来，关键在校长。"

"我们搞教科研，不是办学业绩的装饰品，不是为了凑热闹，不是为了装门面，也不是个人出名成家的敲门砖，而是解决课程开发、课堂教学、德育实践等存在的问题。在基层一线，我们做的是'草根研究'，问题从课堂教学中来，也一定要回归课堂，再用课堂的力量使课题进一步深入，两者互相支撑、互相成就。"杨培明说。

特级教师、南菁高中地理教师叶先进深有感触："在教学上想要更进一步，光有传统的教学方法和零敲碎打的总结远远不够，教科研是必须突破的瓶颈。"

在学校"大美育"理念引领下，叶先进与地理组教师一项项地突破——挖掘地理学科的美育元素，开发校本课程，带领学生研学旅行，研究生本课堂。几年下来，教师们边探索边总结，拓宽了思维，找到了地理课堂新的生长点。整个探索过程还被整合为课题，获得了江苏省基础教育教学成果奖二等奖。

十年间，教师们快速成长起来。学校18个项目立项为省级及以上重要课题，杨培明领衔的"重构校园生活：普通高中大美育课程体系建构"于2018年获基础教育国家级教学成果奖一等奖。2013年，学校仅有2名特级教师，如今，学校已有 7 名特级教师、17 名正高级教师，走在全省中学的前列。

《中国教育报》2023 年 5 月 31 日